理不尽なことに
たくさん出会う人の方が…
人生は楽しくなる。
理不尽が心のきゃぱを
大きくしてくれるから。
中谷彰宏

この本は3人のために書きました。

❶理不尽《りふじん》なことで、凹《へこ》んでいる人。

❷理不尽なことを、乗り越えたい人。

❸理不尽なことで悩んでいる人を、応援してあげたい人。

プロローグ

「理不尽を受ける人」と
「受けない人」がいるのではない。
「理不尽に強い人」と
「弱い人」がいるだけだ。

理不尽は、全員に起こっています。

「なぜ私にだけこんなに理不尽なことばかり降りかかってくるのか」と怒っている人がいます。

どこまで行っても、自分自身の外側にあるものは理不尽です。

チャレンジしている人ほど、理不尽なことは増えていきます。

理不尽を減らしたいなら、チャレンジとトライをやめればいいのです。

自分の境界線より外へ出ることが少なくなれば、理不尽に出会うことも少なくなります。

理不尽だと騒いでいる人は、「自分だけに起こっている」と思い込んでいます。

「すべての人に理不尽なことが起こっている」と思えば、「自分だけではない」と思えるのです。

タクシー待ちをしていて、いきなり川上にあらわれたマダムにタクシーをとられたらどうでしょう。

これは理不尽です。

「私はちゃんと川下で待っているのに」と言います。

実際は、自分の川下にも誰かがいるのです。

自分が最上流ではありません。

道はずっと続いているので、常に誰かの川下であり、誰かの川上なのです。

頑張っている人ほど、理不尽なことに出会う確率は高くなります。

いつまでたっても、理不尽なこととの出会いがなくなることはないのです。

全員に起こっていると気づけば、別に文句はありません。

理不尽とグチる人は、「世の中の人はすべて理にかなっていて、自分だけが不利益をこうむっている」と錯覚《さっかく》しています。

これは本を書き始めた人に起こりがちです。

「自分の書いた本が本屋さんに並んでいない」と、グチるのです。

心配しなくても、みんな並んでいません。

「本の広告を打ってもらえない」と言いますが、みんな打ってもらえていません。

自分の本が本屋さんに並んだとしても、一瞬ですぐなくなります。

みんなそうです。

「自分の商品だけが売れない」と言いますが、みんな売れていないから大丈夫です。

ベストの人と比較しても、常に負けしかありません。

ベストの人と比較する人は、ベストの人がこうむっているデメリットを何も考えていないのです。

心のキャパが広がる習慣

01

理不尽に強い人になろう。

心のキャパが広がる63の習慣

- □ 01　理不尽に強い人になろう。
- □ 02　面白味は、自分で見つけよう。
- □ 03　「理解できないもの」も「そのうちわかるだろう」ととっておこう。
- □ 04　自分の損より、相手の損に気づいてあげよう。
- □ 05　自分の好きなことを、人に無理強《じ》いしない。
- □ 06　自分も誰かの理不尽であることに気づこう。
- □ 07　ヤル気が出るような仕組みを作ろう。
- □ 08　悪意のないミスに、悪意を感じない。
- □ 09　全体で、見よう。
- □ 10　理不尽を、理解していくキャパをつけよう。
- □ 11　20代で、理不尽体験をたくさんしよう。

□ 12 ―― ハッピーエンドではない物語にも触れよう。
□ 13 ――「当たり前」は、全員違うことに気づこう。
□ 14 ―― 違う面を見つけよう。
□ 15 ―― 感謝を期待しない。
□ 16 ―― 小さな幸せに気づこう。
□ 17 ―― 自分の問題から、逃げない。
□ 18 ―― うまくいっている人を、うまくいかない原因にしない。
□ 19 ―― 怒りで解決しようとしない。
□ 20 ―― プロに任せよう。
□ 21 ―― 自分がお客様の時ほど、腰を低く。
□ 22 ―― 安いものにクオリティを求めない。
□ 23 ―― 善人と悪人で分けない。
□ 24 ―― 目立たない幸運に気づこう。
□ 25 ―― 明日は我が身と当事者意識を持とう。

□ 26 ── 本当に負けた理由に立ち向かおう。
□ 27 ── 自分との勝負をしよう。
□ 28 ── 自己満足しよう。
□ 29 ── 濃さより、深さを見出そう。
□ 30 ── 任《まか》せてもらえるような仕事の仕方をしよう。
□ 31 ── 子どもには、理不尽があることを教えよう。
□ 32 ── 反対できる仲間になろう。
□ 33 ── 仲間のダメ出しを受け入れよう。
□ 34 ── インプットの量を比べよう。
□ 35 ── キャンセルがイキになっても、笑って受け入れよう。
□ 36 ── 非効率を楽しもう。
□ 37 ── 旅をしよう。
□ 38 ── ホンネとタテマエを分けて聞こう。
□ 39 ── 人間は非合理だと考えて、つきあおう。

□ 40――正解は、いっぱいあると考えよう。
□ 41――凹むヒマがあったら、勉強しよう。
□ 42――自分の都合だけで考えていることに、気づこう。
□ 43――「面白くない」より「面白い」という話をしよう。
□ 44――「1%でもわかり合おう」としよう。
□ 45――すぐに評価されるものばかりを、追いかけない。
□ 46――上司と上司役を分けよう。
□ 47――自分を拡大しよう。
□ 48――自分の正しさに、こだわらない。
□ 49――トラブルが起こった時は、大切なことを伝えるチャンスにしよう。
□ 50――「よかったこと」を自分で見つけよう。
□ 51――もらい足りない状態でいよう。
□ 52――「△のこと」をしよう。
□ 53――興味のないものの中に、興味を見つけよう。

□54――「お先に、どうぞ」と言おう。
□55――怒りを押さえず、コントロールしよう。
□56――思ったことを、すぐ口にしない。
□57――独りでしよう。
□58――他者に、寛容になろう。
□59――叱られていることを、続けよう。
□60――ほめよう。
□61――面白くなくても、面白がろう。
□62――一から、やり直そう。
□63――理不尽をチャンスに、キャパを大きくしよう。

● 目　次

第2章
「誰も教えてくれない」大人のルールを学ぼう。

第3章 「理不尽の原因」は、自分自身にある。

第4章 「めんどくささ」を、楽しもう。

第5章
「思いどおりにいかないこと」を、面白がろう。

第6章 「トラブル」が、仲間を見つけてくれる。

第7章 「理不尽から逃げないこと」で、自信がつく。

エピローグ――

「理不尽」が多い人ほど、強くなる。

――心のキャパが広がる63の習慣

第1章

「理解できないこと」に出会ったら、チャンスだ。

行列して観た現代アートで、「これで、終わり？」と感じると、イラッとする。

ある混んでいる現代美術館では、行列ができて、入るまでに2時間は並びます。

せっかく中へ入っても、『なんだ、これ』という作品しかなかった」とグチをこぼす人がいます。

ここから何か音とか光が出るに違いないと思って見ていても、何も出ません。係の人に「これで終わりですか」と聞くと、「はい」と言われます。ここで「これで終わりかい。あんなに並んで、こんなたわいもないモノを見せつけられた。理不尽だ」と、ムッとするのです。これは現代美術館によく起こりがちな観客の反応です。

有名な印象派の絵やルネサンスの作品なら、みんな納得します。

現代アートはわからない人には意味不明で、粗大ゴミと紙一重《かみひとえ》です。空《す》いていたらまだしも、遠くから来て、並んでまで観《み》たのです。心の中では「カネ返せ」と怒っています。これはアートの観方が間違っています。**その人は自分のキャパの中ですべてのものに対応しようとしています。「きれい」とか「面白い」というのは、そもそも自分のキャパの範囲内のものです。**

そんなものは、アートとしてなんの意味もありません。**アートの役割は、その人のキャパを超えるものを見せることです。**その人のキャパに刺激を与えて、キャパを割り広げていくためのものなのです。

今までの自分に意味不明のものを見て、「つまり、これはどういうこと?」と、自分で新しい面白味を見出していくのがアートの正しい観方です。

アートを面白がって観られることも、キャパの大きさです。

自分の好きなものとか面白いものしか観ない人は、それ以外のものは「まったく面白くない」「意味不明」「カネ返せ」と騒ぐのです。

評価が定まっているものなら、意味不明でも耐えられます。

たとえば、京都の竜安寺の石庭は、今観ても現代アートです。それでも評価が定まっているものなので、ガマンします。現代アートは評価が定まっていないのです。「これで終わり？」と思うものに対して、どれだけ楽しめるかです。

理不尽に対して、どれだけ積極的に働きかけられるかです。

理不尽だと騒ぐ人は、受け身です。能動的な人は、「これはこういうところが面白いよね」と、その中に面白味を見出していけます。

面白味を手取り足取り教えてもらうことに慣れてしまっている人は、面白味を見出していくトレーニングができないのです。

理不尽に弱い人は、スポーツを観る時でも、勝った試合は楽しめますが、負けた試合は楽しめません。勝ち負けだけを見に行っているからです。

まわりの物事は、一つも面白くなくなります。

趣味だけでなく、仕事に対しても自分で面白味を見つけられなくなるのです。

心のキャパが広がる習慣

02

面白味は、自分で見つけよう。

「理解できないもの」を、排除しようとすると、イラッとする。

「理不尽」と言う人は、「理解できないもの」が嫌いなのです。

たとえば、現代アートは嫌いです。

「粗大ゴミでしょう」

「こんなの誰でもできるでしょう」

「これがなんで何億円もするの？　自分が一生コツコツ働いても稼げない金額が、なんでこんなゴミで稼げるの？」

と、芸術家に対してイラッとします。

自分に理解できないものがあることがイヤなのです。

理不尽に強くなるためには、理解できないものは理解できないまま背中のかごに入れておくことです。

今は理解しなくていいのです。

理解できるものと理解できないものを背中のかごに入れておけば、次に入ってきたものと一緒になって理解できる可能性があります。

これが人間の成長です。

そこでスパークが起こって新たな考え方が生まれたり、飛躍《ひやく》的に世界が広がるのです。

「理解できないものは、とにかくないものにしたい」「そんなものは認めない」「世の中に存在しない」と考えて、かごに入れない人は、いつまでも進歩しません。

セミナーや講演の時に、「中谷さんの本の中で、この1行が理解できないんですけど」と質問に来る人がいます。

私は「ひっかかるところは、読み流しておいてください」とアドバイスします。

自分の経験と照らし合わせないといけないわけだから、今理解できないものがあるのは当然です。

それは、「いつか理解できる時が来る」と思ってとっておいた方がいいのです。

理不尽に弱い人は、理解できないものを排除しようとしたり、理解できないものを攻撃します。

自分の存在が脅《おびや》かされると思うからです。

「全部わからなければならない」というのは間違った思い込みです。

「わからないけど、なんか面白いね」「説明できないけど、とりあえずかごに入れておけばいいね」と思える人は、理不尽に強くなるのです。

心のキャパが広がる習慣

03

「理解できないもの」も「そのうちわかるだろう」ととっておこう。

自分より、相手が長くスピーチすると、イラッとするのは、相手が損していることに気づいていない。

パーティーでは、スピーチが延びて時間が押します。

みんなが前の人より長く話そうとするからです。

自分は頼まれている時間内でおさめても、ほかの人はそれより長く話します。

「なんであの人が自分より長く話しているんだ」と、イラッとします。

自分はルールを守っているのに、ルールを破っている人がいるのです。

それを「理不尽」とグチるのです。

実際は、長く話す人は、主催者からも聞いている人たちからも心の中でブーイングされています。

「ルールを守った自分がバカだった」と思う人は、実際に起こっている出来事に気づいていません。

どちらが長く話したかということだけを考えているのです。

習いごとのグループレッスンでも、「自分よりあの人の方が教えている時間が長い」「自分よりあの人の方がほめられている時間が長い」と、文句を言っています。

会社で上司が同僚をほめた時も、「同じことをしているのに、自分には厳しい。理不尽だ。平等に扱ってくれ」と言うのです。

そのわりには、自分が順番より先にラーメンが届くこと関しては「運がよかった」と考えます。

たとえ平等に扱ったとしても、「自分の方が頑張っているのに、なぜ平等なんだ」と言うのです。

これではキリがありません。

その人が求めているのは平等ではなく、自分に対しての「えこひいき」です。

自分のデメリットに対しては騒ぐのに、ほかの人がこうむっているデメリットはまっ

たく見えていません。

視野が狭いのです。

自分のデメリットは、見えやすいのです。

相手のデメリットは、見えにくいのです。

相手のデメリットが見えるようになることが、大人になっていくことなのです。

心のキャパが広がる習慣

04

自分の損より、相手の損に気づいてあげよう。

好きなことをしてもいい。人に無理強いしなければいい。

自分の勧《すす》めたことが相手に受け入れてもらえない時に、「理不尽だ」とグチる人がいます。


その人は、いい人です。

世話焼きです。

人のために何かしてあげたいのです。

ある美術館に行くと、そこここに「私語は小さな声でお願いします」という注意書きが貼られていました。

「こんなに貼らなくてもいいのに」と思うぐらいです。

理由がわかりました。

マダムたちがうるさいのです。

マダムたちは、

「あなた、なんでＬＩＮＥしないの」

「だって、既読《きどく》とかめんどくさいでしょう？」

「読んだか読んでないかがわかるから便利じゃない」

「そこなのよ。『読んだのに、なんで返事をくれないの』と言われるのがめんどくさいのよ」

という話をしていました。

私としては、ＬＩＮＥをしていないマダムの味方です。

ＬＩＮＥをしていないマダムは「ＬＩＮＥなんてやめなさい」とは言ってないからです。

ＬＩＮＥをしているマダムは「あなたもやりなさい」と言っています。

しても、しなくても、どちらもＯＫです。

大切なのは、人に自分のいいと思うものを「無理強《じ》いしない」ことです。

自分が勧めているのにしない人を、理不尽な人と考えないことです。年をとると、「いい占い師さんを知っているから予約をとってあげる」とか「いいお医者さんを知っているから紹介してあげる」と、紹介魔になっていきます。

紹介魔の怖いところは、相手がそこに行かないと不機嫌になることです。

お医者さんにしても、占い師さんにしても、相性があるのです。

誰が正しいということではありません。

自分と波長の合う人のところに行けばいいのです。

紹介魔は、相手がそこに行かないとイラッとして、「なんで行かないの。あんたの信じている占い師さんより、私が信じている占い師さんの方がいいのに」と言うのです。

自分が勧めたところに行ってもらえると、自分が肯定されたような気持ちになるからです。

自分が勧めたところに行ってもらえないと、自分が否定されたような気持ちになるのです。

「ゴルフをしなさい」とか「釣りをしなさい」と言って無理強いする人は、自己肯定《こうてい》感の低い人です。
余裕のある人は「したくなったら、いつでも言ってください」と言ってくれます。
余裕のない人は、「なぜしないのか」と迫ります。
自分の好きなことは持っていいのです。
そのかわり、人に無理強いしないことが大切なのです。

心のキャパが広がる習慣

05

自分の好きなことを、人に無理強いしない。

自分に理不尽な人がいるように、自分も誰かの理不尽になっている。

気に入らない上司、気に入らない部下から理不尽なことをされているとグチる人がいます。

その人自身も、他者から見ると理不尽な存在です。

人と人が出会う時は、価値観の違いから理不尽が生まれます。

まったく同じ価値観であればいいですが、そんなことは、たとえ双子であってもないのです。

自分にとって相手が理不尽であれば、相手にとっても自分は理不尽です。

「自分は相手にとって理にかなっている。相手は自分にとって理不尽だ」と考えるから、上司と部下、夫婦の間でもめごとが起こるのです。

理不尽にイラッとしたら、まずは「自分も誰かに理不尽なことをしている」と考えることです。

世の中は、理不尽の持ちつ持たれつで成り立っています。

理不尽でない存在でいることは不可能です。

人はそれぞれ違う考え方を持っているからです。

みんなが同じ考え方になる必要は、まったくありません。

そういう社会は全体主義国家です。

全体主義国家では、1人1人の理不尽はなくなります。

実際は、もっと大きな理不尽を生み出すのです。

1人1人がいろいろな考え方を持っていていいのです。

違う考えを寛大に受け入れることによって、理不尽が理不尽でなくなります。

違う考え方を受け入れられずに抵抗する時に、「理不尽」という考え方が浮かんでくるのです。

自分の企画が通らない時に、「せっかくいい企画を出しているのに、上司の頭がかたいから話が通じない」とか「クソ上司なので企画が通らない」と言う人がいます。

そもそも自分と上司は違う考え方なのだから仕方がないのです。

むしろ違う考え方だからこそ、自分にもチャンスが生まれます。

上司と同じ考え方ではチャンスはありません。

自分の企画を持てなくて、すべて上司の企画になってしまうからです。

上司がうまい具合いにボツにするから、「ほらね、上司はこの企画を理解できないでしょ」とチャンスをつかめるのです。

理不尽は、「自分の考えをすべてわかってほしい」という受け身の考えです。

「理解してほしい」という気持ちがベースにあります。

「理不尽だ、理不尽だ」と騒いでいるのは、「理解してくれない、理解してくれない」と騒いでいるのと同じです。

理解してもらうということは、上司の傘下《さんか》に入ることです。

それでいいのかということです。

むしろ上司を理解して、上司を自分の傘下におさめた方がいいのです。

「会社では、あいつを上司に置いておいてやろう」

「神輿《みこし》として担《かつ》いでおこう」

「手のひらで転がそう」

というのが院政です。

自分は摂政《せっしょう》・関白になって、「将軍なんか、あいつにさせておけ」という位置づけでいいのです。

心のキャパが広がる習慣

06

自分も誰かの理不尽であることに気づこう。

精神の問題は、精神では解決しない。精神で解決しない時は、科学で解決する。

「オレたちの若いころは、ヤル気は勝手に出たものだ」

「仕事をさせてもらうだけで喜べ」

「なんだ、そのヤル気のない態度は」

というのは、上司が部下に感じる理不尽です。

部下にとっては、ヤル気を出せ出せと言う上司の方が理不尽です。

両者が「ヤル気」というテーマで理不尽を感じているのです。

相談ごとでも、「部下のヤル気を出させるにはどうしたらいいですか」と言う人が多いのです。

部下は部下で、どうしたら自分にヤル気が出るかと悩んでいます。

上司からも「おまえはヤル気が足りない」と言われます。

精神の問題は、精神では解決しません。

そもそも、ヤル気満々の人たちが経営者とか上司になっているのです。

自分はヤル気があっても、まわりがみんなヤル気があるとは限りません。

ヤル気のある人は、みずから会社を立ち上げます。

ヤル気のない人は、それよりは安定した会社に入ろうと思って来ています。

「ヤル気があったら、こんなところに来るか」という世界です。

解決するためには、ヤル気がなくてもなんとなく仕事がまわって、あたかもヤル気があるようにやってしまう仕組みをつくり上げればいいのです。

それが科学であり、上司の仕事です。

「これやっといて」と言った時に部下に「急ぎですか」と言われると、上司はイラッとして理不尽を感じます。

上司の依頼に対して、「急ぎですか」は、ないのです。

そんなの当たり前です。

ここで「精神」を「科学」に切りかえます。

部下に「これ、時間かかるんですよね」と言われたら、ストップウォッチを渡して時間をはかってもらいます。

「こんなもん、時間なんてかからないよ」と言うのは、精神の押し問答です。

たとえば、1冊の本を送る時は、住所を調べて、本を梱包《こんぽう》して、調べた住所をプリントアウトしてシールを貼ります。

大体3段階の作業に分かれます。

それぞれの作業時間をはかってもらうと、いらない作業をカットできる可能性があります。

1個1個するよりも、まとめてすれば短縮できるとか、短縮の方法を考えるようになります。

これが科学です。

ストップウォッチではかってみると、思ったより時間がかかっていないことがわかります。

時間がかかると思うのは、気持ち的に「めんどくさい」「できれば、なしにしてほしい」と思っているからです。

私は、「これ時間がかかるんですよね」と言われた時は「もうしなくていい」と言っています。

そういう人がいると、全体のモチベーションを下げるからです。

これも科学です。

精神の問題は、科学で解決する仕組みを作ります。

そうすれば、ヤル気がなくてもできます。

ミスをした時に「以後、気をつけます」と言うよりも、気をつけなくてもミスが起こらない仕組みを作った方がいいのです。

心のキャパが広がる習慣

07

ヤル気が出るような仕組みを作ろう。

悪意のないミスに、悪意を感じるから、イラッとする。

「理不尽」と言う人は、部下や上司や取引先がミスをした時に、それを単純なミスと考えません。

「この人は私のことを軽んじている」「ないがしろにしている」「嫌っている」「わざとミスしているんじゃないか」と、ミスに悪意を感じるのです。

ミスに悪意も善意もありません。

そもそも人間はミスをする動物です。

他人がミスった時にイラッとするのは、ミスに何がしかの裏の意味を考えるからです。

「私に損失を与えようと考えている」「イヤがらせをしている」と、自分自身で勝手に考えて苦しみます。

存在しない幽霊にビクビクし始めるのと同じです。

理不尽に強くなるためには、「ミスに悪意はない」と感じることです。

自分自身にミスの多い人は、他人のミスも平気です。

純粋なミスと考えるからです。

ふだんミスをしない人は、ミスをした時に隠そうとします。

ミスを粉飾《ふんしょく》し始めると、ミスを粉飾するウソを固めるためにまたウソをつかなければなりません。

最初にミスを謝っておけば、相手にヘンな疑心暗鬼《ぎしんあんき》を持たせることはないのです。

心のキャパが広がる習慣

08

悪意のないミスに、悪意を感じない。

部分だけを見ると、イラッとする。

理不尽と考える人は、常に部分だけを見て判断しています。

全体を見ると、すべては理にかなっているのです。

部分だけを見るとプラス・マイナスはあります。全体で見てみるという状況が必要です。

イラッとしていると視野が狭くなります。

理不尽に強い人は、広い範囲の全体で判断をします。

たとえば、同僚の中で出世していく人は、引っ越しの手伝いに行ったり、仕事以外のところでコツコツ努力しています。

理不尽に弱い人には、それが見えていないのです。

これが、全体で見るか、部分だけで見るかの違いなのです。

心のキャパが広がる習慣

09

全体で、見よう。

理不尽とは、理がないことではない。理が、理解できないことだ。

ラーメン屋さんで「抜かされた」とグチる人は、自分の知っている範囲で抜かされただけです。

先にラーメンが出てきた人は、店に電話をかけて「急ぐので先に作っておいてください」と頼んでいた可能性もあります。

そんなことは知らずに、「なんであの人だけ先に出てくるんだ」と、文句を言ってしまうのです。

それは自分の理解が足りないからです。

または、先にラーメンが来た人は感じのいい人で、自分は不愛想《ぶあいそう》だったのです。

誰でも感じのいい人のところに先に持っていきたくなります。

扱いの差には、原因があるのです。

自分の落ち度に気づかずに、「自分は何も落ち度はないのに、後まわしにされた」と怒っているのです。

愛想が悪く「自分はカネを払っている」という態度が、すでに落ち度です。

人間がすることなので、好かれるか嫌われるかで順番が入れかわるのは当然です。

ラーメンが早く来てほしいなら、感じよくすればいいだけのことです。

「理不尽だ」とグチる人は、「原因がないのに、自分が損をこうむっている」と思っています。

「理不尽」とグチっている間は、自分がその原因を作っていることに気づけないのです。

心のキャパが広がる習慣

10

理不尽を、理解していくキャパをつけよう。

第2章

「誰も教えてくれない」大人のルールを学ぼう。

学校では教わらない理《ロジック》のことを、理不尽と呼ぶ。

学校ではロジック（理）を教わります。

「原因があって、結果が生まれる」というのが、ロジックです。

社会に出ると、理不尽なことがたくさんあります。

それは学校では教わっていません。

理不尽だとグチる人は、「小学校のルールを適用してくれ」と騒いでいるのと同じです。

小学校はシンプルなルールで成り立っています。

大人のルールも、シンプルです。

大人のルールは、複雑なのではなく見えないだけなのです。

大人のルールを知らずに小学校のルールのままで判断して、「理不尽だ」と言っているのです。

あらゆる場所で、その場その場のルールがあります。

小学校では、「ルールはこれです」と言われてルールブックを渡されます。

社会はルールブックがありません。

壁にも貼っていません。

社会のルールは、自分で見抜いていくものです。

「聞いていない」と言いますが、そもそも教えてくれないのです。

小学校は、先に「こういうルールですよ」と教えてくれます。

社会では、その場における暗黙の了解があります。

みんながそのルールで動いています。

それを見抜くことが大切です。

それを見抜けなくて「聞いていない」と騒いでいるのです。

小学校のルールをそのまま適用しようとしても、ムリがあります。

11 20代で、理不尽体験をたくさんしよう。

人生で一番の衝撃《しょうげき》は20代で起こります。

社会のルールは、自分で学ばなければ誰も教えてくれません。

それを小学校のルールで無理にしようとすると、理不尽まみれになるのです。

社会のルールは誰も教えてくれないので、自分で見抜いていくしかありません。

それに気づけた人は、理不尽が理不尽でなくなります。

「こんなのルールなしじゃないですか」と言うのは、ただルールが見えていないだけです。

見えていないルールに、いかに気づいていくかです。

20代のうちに理不尽体験をたくさんしておくのは、いいことです。

30代、40代になっても小学校のルールのまま通そうとしていると、もっときつくなるのです。

胸を痛める物語に触れることで、理不尽に強くなる。

ある人に「面白い映画を教えてください」と言われて教えてあげると、「それはハッピーエンドですか」と聞かれました。

この人は「ハッピーエンドでない映画を観たら損」と考えています。

「なんでお金を払って、つらい、せつない、悲しい物語を観なければいけないんだ」

「それでなくても日常はしんどいのに、なんで砂を噛《か》むような、むなしい現実を目の当たりにしなければいけないのか」と思っているのです。

この人は多くのものを損しています。

かわいそうな話は、世の中にたくさんあります。

実話をもとにした、かわいそうな映画もたくさんあります。

それを避ける人は、つらいことをなかったことにしたいのです。
つらい現実に目を背《そむ》けることで、ますます理不尽に弱くなっていきます。
ハッピーエンドの映画しか観たくないのは、精神的な成熟度が低いからです。
ハリウッド映画は、ほとんどハッピーエンドです。
日本映画とヨーロッパ映画は、ハッピーエンドはむしろ少ないのです。
「フランダースの犬」が生き返っても、どう味わっていいかわかりません。
ハリウッド映画なら、パトラッシュは最後に生き返ります。
そこで拍手が起こって、「よかったね」となります。
それではしみじみとした感動が伝わらないのです。
つらい話から目を背ける人は、自分をいい気持ちにさせてもらいたいのです。
それは、人間の喜怒哀楽《きどあいらく》で「喜」と「楽」だけで成り立とうとする考え方です。
これが「理不尽だ」とグチる人のしていることです。
そういう人は、現実の理不尽に出会った時に弱いのです。
ラーメン屋さんで順番を抜かれたとか、チャーシューの大きさが隣の人より少し小さいとか、そんなことで「損した」と思うのです。

かわいそうな映画を観て感情移入することで、「世の中にはつらいことが多い」ということが学べます。

それが文学のいいところです。

文学は悲劇からスタートしました。

それを笑い飛ばして生きようとして、喜劇が生まれました。

悲劇を観るのは、つらさの追体験をすることで、自分のキャパが広がっていくためなのです。

心のキャパが広がる習慣

12

ハッピーエンドではない物語にも触れよう。

「当たり前」は、自分だけの当たり前にすぎない。

理不尽だとグチる人は、「そんなの当たり前じゃないの」が口グセです。

たとえば、してほしかったことを部下がしなかった時に、

「どうしてしないんだ」

「だって、聞いてません」

「普通、人間として当たり前だろう」

と言うのです。

「当たり前」は「今」「ココ」「私」にしかないことです。

その少し隣には、別の「当たり前」があります。

10人いたら、10通りの「当たり前」があるのです。

理不尽だとグチる人は、それに気づいていません。

自分の当たり前は世界共通の当たり前だという思い込みが、「理不尽」を生むのです。

「最近の人は当たり前のこともできない」と言いますが、その「当たり前」は自分だけの「当たり前」にすぎません。

自分も、ほかの人から見るとできていないことがあります。できていないことに気づかないで、「自分は完璧にできている」と思い込んでいるのです。できていないことを寛大に見逃してもらっているのです。

理不尽だとグチらないためには、どこか「自分もできていない」と思っていた方がいいのです。

「当たり前」は、１人１人みんな違います。

今日と明日でも「当たり前」は変わります。

「そんなことは一般常識でしょう」とか「常識的に考えて……」と言いますが、常識も普遍のものではありません。

常識が通用するのは、「今この瞬間」「この場所」の自分においてのみです。

道徳も、なんとなく普遍のものと思い込みがちです。

コロコロ変わります。

会社ごとに、道徳は違うのです。

「あの会社でしていることはひどい」と言うのは、自分の会社の道徳に照らし合わせて、よその会社の商習慣を非難しているだけです。

常に「自分が正しくて他者が間違っている」という考えで成り立っているのです。

これが国同士で起こると「戦争」になります。

人間同士では「理不尽」になります。

「私はこんなに頑張っているのに」ということで、結局、自分自身の心が消耗《しょうもう》していくのです。

13 「当たり前」は、全員違うことに気づこう。

格差社会と言う人は、一面的にしか見ていない。

理不尽だと言う人は、「世の中は格差社会だ」とグチります。手には「格差反対」のプラカードを持っています。その人は物事を一面でしか見ていません。

給料で格差があると言いますが、世の中のモノサシは給料だけではありません。仕事の面白さ、やりがい、社会的な貢献度、人の役に立っているか、技術が伸ばせるかなど、いろいろなモノサシがあります。

多くのモノサシで見ていくと、格差などなくなります。

「格差」は、世の中のモノサシを1個に絞《しぼ》る時に使う言葉です。

「世の中は結局、格差社会だよね」と言っている人は、自分で新たなモノサシを作らないで、他者が作ったルールに善良に従おうとします。

それよりも、自分に有利なルールを作ってしまえばいいのです。

アメリカのベンチャー企業の社長は、ゴルフをする時でも、「たくさん打った者の勝ち」というルールに変えてしまいます。

別の人は「どちらが気持ちよく打ったかの勝負にしよう」と言い出します。

こうなると、他者には判断できません。究極は、「どちらがヘンなところに飛んだか」の勝負に変わるのです。そうなった時に、格差がいかに意味がないかです。

格差は、お金だけに置きかえるものではありません。

時代によっては、お金持ちが有利な時代と、お金持ちでない方が有利な時代があります。財産没収となった時は、お金持ちの方が損です。お金持ちは、税金もたくさんかかります。ここで「格差反対」と言っていた人が、突然、黙るのです。

「格差」と言う前に、違う軸を見つけていくことが大切なのです。

心のキャパが広がる習慣 14

違う面を見つけよう。

相手のためにしてあげた時ほど、受け入れられないとムッとする。

理不尽だとグチる人は、人に優しい人です。

「優しくしてあげているのに、感謝がないし、ほめられない」と、文句を言います。

自分が贈ったモノが部屋に飾られていないと、ムッとするのです。

モノには好みがあります。

自分の好きな絵を贈っても、その家のトーンに合うとは限りません。

どんなに高いモノでも、好みに合わないモノは飾れないのです。

理不尽だとグチる人は、人の世話をやいたり、紹介してあげたり、プレゼントすることが好きです。

そのプレゼントが使われていないと、「どうしてこの間あげたネクタイを使ってくれないの」と言うのです。

「理不尽だ」と騒ぐのは、誰かに注いだ愛情の見返りがなかった時です。

愛情を注ぐことが好きなのではなく、愛情に見返りが返ってくることが好きなのです。

習いごとも、習いごと自体が好きなのか、習いごとで上手になってほめられるのが好きなのかで分かれます。

「いくらしてもうまくならない」と言う人は、うまくなるのが好きな人です。

その習いごとをすること自体が好きではないのです。

たとえば、編集者に憧れていた人が編集者になりました。

本来は、これで完結します。

「なんで給料が安いんですか」と言った瞬間、軸がズレていきます。

その人は、結局、辞めてしまいます。

「好きなこと」よりも「給料」をとったのだから、それでいいのです。

一番悲惨なのは、グチをこぼしながら辞めないことです。

心のキャパが広がる習慣

15

感謝を期待しない。

「編集の仕事は好きですが、忙しすぎる」と言う人も、軸がズレています。

「そこそこの忙しさはいいけど、こんなに忙しいのは困る」

「休みは適度に欲しい」

「旅行にも行きたい」

「人間的な生活もしたい」

「給料も人並みに欲しい」……

と言って、本当は何が好きなのかわからなくなります。

本人は「本を作ることが好きです」と言っています。

今しているだけで満足できる人は、「理不尽」とは言いません。

求めるものが自分の中で整理できていない人は、1つでも手に入らないものがあると、「理不尽」と言ってしまうのです。

理不尽に弱いのは、今まで、幸せな環境にいたからだ。

理不尽に弱い人は、今まで理不尽の体験量が少なかったのです。

ビニールハウスで育った人は、少しでも気候の変化があると、暑いの寒いの、雨が多いの少ないの、虫がいるだのと言い出します。

それは今までがハッピーだったからです。

今まで過酷な環境にいた人は、理不尽なことに出会っても、「よくあること」「生きているだけで御の字」と思えます。むしろそこに小さな喜びを見出すことができるのです。

つい「自分は今まで平均的な環境で育ってきた」と思い込みがちです。

たとえば、前にいた会社が理不尽な会社だったら、今の置かれている状況が平均になります。

心のキャパが広がる習慣

16

小さな幸せに気づこう。

今まで恵まれた会社にいた人は、今の会社は、突然、ブラックに感じます。「こんなブラックな会社は辞めてやる」と言って転職したのに、新たに入ったところで「前の会社の方がよかった」ということになります。そこからまた転職して、さらにブラックなところへ行くのです。この人は純白の企業を求めています。

純白は、むしろ怪《あや》しいのです。世の中には、ブラックも純白もありません。すべては、グレーです。グレーに無限のグラデーションがあるだけです。

恋愛できない人は、白馬にまたがった王子様がいつか迎えに来てくれると思い込んでいます。それなのに、自分のまわりにはヘンな男しかいないのです。なかなか王子様が来ないと、「理不尽だ」と言います。でも、白馬にまたがった王子が突然マンションに来てピンポンを鳴らしたら、むしろ怖いです。「理不尽だ」と感じるのは、今まで幸せなところにいたからなのです。

他人の相談をする人は、自分の問題から逃げている。

私は、悩み相談を受けています。

多いのは、「私のことではなくて、知り合いの話なんですけど」と言うタイプです。

自分のことを知り合いに置きかえて言っているなら、まだいいのです。

本当に知り合いの話で、「私のまわりに、こういう困っている人がいます。どうしたらいいんでしょう」と言うのです。

「まず、自分の問題を解決したら」と言いたくなります。

「なんとかしてあげたい人がいるんですけど」と言いますが、自分をなんとかした方がいいのです。

その人は、人の相談をすることによって、自分の問題から逃げようとしています。

心のキャパが広がる習慣

17

自分の問題から、逃げない。

本当は、自分自身に問題があるのです。

自分の問題を真正面から受けとめている人は、その問題を乗り越えることができます。

「私はいいんです。落ち込んでいる人をなんとかしてあげたい」と言うのは、なんのことはない、自分自身の問題から逃げているだけです。

自分に起こっている理不尽は、自分のキャパを広げるチャンスです。

そのチャンスから逃げてはいけないのです。

自分に起こる理不尽以外に、社会で起こっている、究極は親しい人に起こっている理不尽に対しても怒っています。

総理大臣に対しても「納得いかない」と怒っています。

それより自分の問題を怒った方がいいのです。

何かのせいにする人は、自分の努力を怠っている。

自分のお店が流行らないとか、自分の扱っている商品が売れない時に、政治のせいにする人がいます。

まったく関係ありません。

そんなことを言うこと自体、すでに経営努力を怠っています。

その店が流行らないのは、トイレの掃除が行き届いていないからです。

それをほかの問題に置きかえているだけです。

「うちの店を改造するにはどうしたらいいでしょうか」と相談するのはいいのです。

そこで「明らかにトイレが汚れている。掃除しようよ」というアドバイスができます。

「いや、ラーメンの味は？」と言いますが、味の前にトイレの掃除です。

汚れたトイレでは、トイレに行った人は食べる気がしなくなります。

それをトランプ大統領や景気のせいにするのは、おかしいのです。

「近所に安いスーパーができたから、お客をとられた」と言いますが、とられていません。


自分がうまくいかない時は、つい、うまくいっている人をターゲットにしがちです。

「あの人がうまくいっているおかげで、私はうまくいかない」と言うのです。

その人は、お金持ちも嫌いです。

「あの人がお金持ちだから、私のところにお金がまわってこない」と言うのです。

そんなことは、まったく関係ありません。

道が混んでいる時も、「なんでこんなにみんな出てくるんだ」と、文句を言います。

抜け道を走っても、そこもまた混んでいます。

ここで「にっちもさっちもいかなくなった。みんな来るな」と言うのです。

それは自分が行ったからです。

たい焼き屋さんで、前の人が15個買って、自分の前で売り切れました。

「列ができているんだから、考えて買えよ」と言います。

それは自分がもっと早く来ればいいのです。

開店前から並んでいる人もいます。

それより後に来ているから手に入らないだけです。

買えなかった腹いせに「こんな店、もう買うもんか」とネットに書き込みますが、本当は欲しいのです。

買えた人が「並んで買ったのに、おいしくない」と言うのも、それは好みです。

甘いのが好きな人もいれば、甘さ控えめが好きな人もいます。

「こんなに並んだのに」というのは、関係ありません。

作り手は、苦労を積み重ねて作っているのです。

心のキャパが広がる習慣

18

うまくいっている人を、うまくいかない原因にしない。

第3章

「理不尽の原因」は、自分自身にある。

怒りをぶつけることで解決しようとする人は、理不尽に弱くなる。

理不尽だとグチる人は、「怒りを人にぶつけること」で解決しようとします。
「怒れば解決する」と思い込んでいるのです。
怒りをぶつけることでは物事は解決しません。
むしろ悪化します。
これは「おむつ作戦」です。
赤ちゃんの間は、泣けばなんとかなりました。
いい大人が「おむつ作戦」を持ち出しても、バカにされるだけです。
よけい前の道はふさがっていきます。

「いい大人が、おむつをつけた赤ちゃんのようなことを言うな」と言われて、ますます事態が悪化するのです。

理不尽なことに出会った時の対応の仕方で、その後の事態が好転したり悪化したりします。

それは自分自身が決めています。

理不尽なことを、いかに避けるかではありません。

大切なのは、理不尽なことに出会った時に、それを好転させる手口を試行錯誤しながら身につけていくことです。

これが社会で大人として学ぶことです。

これを「キャパがある」と言うのです。

心のキャパが広がる習慣

19

怒りで解決しようとしない。

自分1人で頑張ろうとする人は、理不尽に弱くなる。

理不尽だとグチる人は、決して「悪い人」ではありません。
むしろ「いい人」です。
「いいかげんな人」でもありません。
几帳面《きちょうめん》で、まじめで、優等生で、律儀な人です。
まじめな人は、ストレスをためて具合いが悪くなります。
あるまじめな人が病院で検査をして、病気が見つかりました。
お医者さんから「手術が必要です」と言われました。
ここで「終わったよ」と言うのです。
病気になった時に、まず湧《わ》いてくる感情が「理不尽」です。

「私はタバコも吸わないのに、なぜ肺ガンになるのか」

「あいつなんかスパスパ吸っているのに、なぜガンにならないのか」

「わが家はガン家系じゃないのに、なぜガンになるのか」……

これは、とらえ方が間違っています。

お医者さんは、手術をしても手遅れな人には、「もう好きにしてください」と言います。

「手術をしましょう」と言うのは、手術をしたら治る可能性があるからです。

しかも、お医者さんにもリスクはあるのに、「よそへ行ってください」とも言われなかったのはラッキーです。

その人は「わかりました。手術します。私は何を頑張ればいいですか」と言いました。

何も頑張らなくていいのです。

頑張るのは、お医者さんです。

自分は病院に行くだけでいいのです。

この人がするべきことは、頑張ることではなく、手術をするかどうか、すぐ決めることです。

グズグズしていると、1日1日手遅れになっていきます。

決心までのロスタイムを、どれだけ短くするかです。

頑張ってしまう人ほど、ロスタイムが長くなります。

まじめな人は「自分を見つめるために時間をください」と言います。

せっかくお医者さんがガンを見つけて、スケジュールが混んでいるのに手術の日程をあけてくれているのだから、すぐに手術した方がいいのです。

すると、今度は「じゃ、手術の前に何を頑張ればいいですか」と言うのです。

まじめなタイプは、常に「どこで力を入れればいいか」ということばかり考えています。

理不尽だと騒ぐ人は、力を抜くことができません。

スポーツは、いかに力を抜くかの勝負です。

力を入れるのは簡単ですが、抜くのは難しいのです。

力を抜くかわりに、スライドして今と別のことをするようにします。

「手術までに何を頑張ればいいか」ではなく、「手術が終わったら、こんな楽しいことをしよう」と考えるのです。

それが手術が決まった人のすることです。

そう考えると、よけいなことを考えるヒマもないし、理不尽とは何も関係がなくなります。

人の力をかりないで自分だけでなんとかしようとすることが、理不尽感を強めるのです。

心のキャパが広がる習慣

20

プロに任《まか》せよう。

お客様は神様だと、自分がお客様の時に言うと、弱くなる。

世の中には「お客様は神様です」という言葉があります。

これはサービスサイドの使う言葉です。

「オレは客だぞ。客は神様だぞ」というのは、お客様が言うことではないのです。

それぞれの言葉は、誰の立場の言葉なのかが大切です。

「お客様は神様です」という言葉自体は間違っていません。

それはサービスをする時に使えばいいのです。

「オレはお金を払っている。神様だから何やってもいい」というスタンスは、結果として嫌われます。

たとえば、貸切りにした時に、当日の朝にドタキャンしていいのかということです。

「お客様は神様なんだから、いいだろう」と言う人は、次からは予約を受けてもらえません。その人は、お店にどれだけ迷惑をかけているかがわからないのです。

私の実家はスナックです。

サービス業の側にいると、お客様が自分で「お客様は神様だ」と言っていると、ヘンに感じます。

「自分は神様だから、すべてのことをしてくれるはず」と思い込んでいると、結果、してもらえない時に本人がしんどくなるのです。

「なぜ売り切れ？」と言いますが、食材は無限に用意できません。

しかも、人気があるものなら、なおさらです。

社会が進歩して便利になればなるほど、「お客様は神様です」という意識が強くなります。

お店側の過当競争が起こって、「お客様は神様です」の方に引っ張られてしまうのです。

サービスサイドが「お客様は神様です」と言うことで、お客様は「私は神なんだ」

と勘違いします。その言葉が、お客様を勘違いさせるのです。

原因の1つはポイントシステムです。

ポイントを与えることで、お客様は「自分はポイントを貯めているのだから、これは使えるはずだろう」と思います。ポイント制度・割引制度・値引制度・特典などは、すべてお客様を勘違いさせていきます。

本来、お店側とお客様は対等です。

「特典」と言い始めた瞬間に、「特典があるということは、自分はお客様だ」→「お客様ということは神様なんだ」となって、結果として、お客様自身もサービスサイドも苦しめることになるのです。

サービスとして値段を下げたとしても、それが普通になって、下がっている感は何もないのです。

21 自分がお客様の時ほど、腰を低く。

安くていいものを求めると、弱くなる。

輸入品の値段が上がったり、天候によって野菜の値段が上がることがあります。
「野菜の値上がり」と言いますが、値上がりではありません。
下げたものが戻っただけです。
私の祖父は農業をしていました。
父親は、スーパーに行くと、いつも「野菜安すぎ」と怒っていました。
「あの手間で、この値段はおかしい」と言うのです。
社会が進めば進むほど、理不尽感はより大きくなります。
「安くて便利」が基準になるからです。
本来、安くていいものは、ないのです。

いいものは、やっぱり高いのです。

安くていいものは、芸術の世界にはありません。

フェラーリは、買いかえる時に値段が上がります。

フェラーリはクルマではなく、芸術品だからです。

アートの世界では、時間がたてばたつほど値段が上がっていきます。

日用品は、工業化が進めば進むほど値段が安くなります。

安くていいものを求め始めると、職人の仕事に敬意が払えなくなります。

たとえば、カギをなくした時に、カギ屋さんにカギをあけてもらいます。

5分で1万円です。

それを「高い」と文句を言う人は、カギ屋さんの熟練までの期間のことを考えていません。

「コンタクトレンズなんて、原価はたかだか10円だろう」と言う人には、「自分で作ってみたら」と言いたくなります。

開発にどれだけの時間がかかっているかを忘れています。

ラーメン屋さんで順番を抜かされた人は、「こんなもの、原価は知れている」と、悪態をついています。

それなら、自分の家で作ってみればいいのです。

そうすれば、それがどんなにめんどくさいことかがわかります。

そういう人は、味に対する評価はしません。

安いモノには厳しく、高いモノには無知蒙昧《むちもうまい》にひれ伏《ふ》します。

値段でしかモノの価値を見出すことができないのです。

心のキャパが広がる習慣 22

安いものにクオリティを求めない。

善人と悪人をはっきり区別すると、理不尽に弱くなる。

理不尽だと騒いでいる人は、いい人が多いのです。

いい人の特徴は、「あの人は善人、この人は悪人」と、くっきり分けることです。

ここで、この人が芸術や文学に接してこなかったことがわかります。

ドラマも勧善懲悪《かんぜんちょうあく》のドラマしか見てこなかったのです。

善と悪が対決する勧善懲悪は、お子様向きです。

芸術の世界では、善も悪もありません。

そんなものは、ちゃんちゃらおかしいのです。

目利《き》きの力は、ホンモノとニセモノを見きわめる力ではありません。

骨董《こっとう》の世界では、ニセモノが99％です。

ニセモノでも需要があるから仕方がないのです。
私の実家の本家は骨董屋です。
ホンモノとニセモノは、そこそこ勉強して経験を積めば、誰でもわかります。
大切なのは、ホンモノの中の上《じょう》と下《げ》を見きわめる力です。
ホンモノの中にも、「100万円のホンモノ」と「国宝級のホンモノ」があります。
どちらも見た目は汚い茶碗です。
難しいのは、ホンモノの上の方がニセモノに近いことです。
「ホンモノの下」の方が「ホンモノの上」より上に見えるのです。
こういうことは、善人とか悪人とか言っているとわからないのです。
人間を善人と悪人に区別することはできません。
善人もいなければ、悪人もいないのです。
みんなまぜこぜの状態では、理不尽は成り立たなくなります。
「理不尽だ」と言って一番騒いでいるのは、「裏切られた」と騒いでいる人です。
「裏切られた」と思うのは、自分がその人を「善人」と決めてしまったからです。

善人でないところを見た時に、「あの人は善人だと信じていたのに、最低」と言うのです。

それは自分が勝手に善人と決めつけていただけです。

本人が「私は善人です」と言っていたわけではありません。

善人と決めつけられた側もつらいのです。

人間的な欠点を1つでも見出した時点で、「清廉潔白《せいれんけっぱく》だと思っていたのに、裏切られた」と言うのです。

清廉潔白な人には、人間的魅力はありません。

清廉潔白な人がいたら、むしろ詐欺《さぎ》に近いという感覚でいた方がいいのです。

これが芸術の世界です。

政治経済の世界は、善と悪に分けようとします。

今はそれが行き詰まってきています。

戦争に負けて、安保闘争があって、1960年までは政治の時代でした。

そこから、オリンピックがあり、万博があり、バブルに向かって、ずっと経済の時代が続きました。

これからは文化の時代です。

高度経済成長の時代は、働いている人が儲かって、働いていない人は儲からない時代でした。

列島改造論で土地がドーンと値上がりを始めました。

働いている人が稼げなくて、働いていない人が稼げる時代が来てしまったのです。

それが経済の破綻《はたん》です。

いくつもバブルを経験しながら、いつの間にか、働いている人が儲からなくて、働いていない人が儲かるようになりました。

それを「理不尽」と言っているのです。

それは善と悪を分ける経済の考え方です。

文化の考え方は、もっと深いのです。

文化の世界では、善人は、きわめて悪人に近い見え方をします。

悪人は、きわめて善人に近い見え方をします。

最もそのきわにいるからです。
「ホンモノの上」は、きわめてニセモノっぽいのです。
「ホンモノの下」は、きわめてホンモノっぽいのです。
これが古美術の世界です。
文化の世界には、善人と悪人の区別がないのです。

心のキャパが広がる習慣

23

善人と悪人で分けない。

不運は、目立つので、目立たない幸運より、多く感じる。

理不尽だと騒ぐ人は、

「ラーメン屋に行ったら抜かされる」

「タクシーを拾おうとしたら、上流にマダムが出てくる」

「ゴルフでパットをする時に、誰かがくしゃみをする」

「自分の時だけ風が吹く」

「だから、私は運が悪い」

と言っています。

不運なことは、幸運よりも印象が強くて、ダメージも大きいのです。

一方で、運がいいことは自分の実力と考えます。

たとえば、ラーメン屋で順番を抜かされたダメージが「10」だとしたら、自分の方が順番より早く来た喜びは「1」です。

本来は1対1のはずなのに、1対10で「損」と感じるのです。

これが不運に対する感覚です。

不運は、過剰に感じるのです。

これが理不尽のもとです。理不尽は非科学的です。

大切なのは、目立たない幸運にどれだけ気づけるかです。

不運はスルーしないのに、幸運はスルーしがちです。

たとえば、急いでいる時に、待っていてくれたかのようにタクシーがスッと来たら、それはかなりの幸運です。それなのに、その時は幸運を感じないのです。

都会の電車に慣れている人は、地方に行くと電車が少なく感じます。

違います。都会が多すぎるのです。

1本逃しても、すぐにまた来ます。すでに隣の駅を出ているのです。

田舎は、1本逃すと、「今日はもう終わりました」と言われます。

心のキャパが広がる習慣

24

目立たない幸運に気づこう。

または、次の電車は2時間後という世界です。

都会では、時速200キロの新幹線が3分おきに出ています。

前の電車とくっついているんじゃないかと思うぐらいです。

都会の人は、それに慣れすぎてしまっているのです。

便利な社会になればなるほど、不合理は増えていきます。少しでも不便なこと、めんどくさいことがあると、それを「不運」と感じてしまうからです。

不運をたくさん体験している人の方が、幸運にたくさん気づいて、幸運をたくさん味わうことができます。

今まで幸運が多すぎた人は、不運を強く感じます。

幸運が多いことは、結果として損です。

不運が多いことは、結果としては得なのです。

他人事と捉えていると、自分に起こった時に、理不尽に感じる。

詐欺の事件を見て、「あれだけ注意を促《うなが》しているのに、振り込め詐欺の被害額はどんどん増えている。バカじゃないの？」と思う人がいます。それは他人事で、「自分には起きない」と思っている人が実は一番詐欺にかかります。

「明日は我が身だな」と思う人は、詐欺にかかりません。他人事と当事者、どちらの意識で見るかで分かれるのです。

たとえば自然災害が起きた時に「大変だ。あの人たちはなぜ噴火する山のそばに住んでいるんだ」と、他人事に思う人がいます。

そもそも日本列島は火山の上にある国です。「明日は我が身だ。何か準備しておこう」と当事者意識でいることが大切です。**他人事と思っていた人は、当事者になった**

瞬間に「まさか自分にそれが起こるとは。理不尽だ」と考えます。

どんな出来事でも、一見他人事のようなことを他人事ではないと感じることによって、それが自分の身に起きた時に「やっぱり来たな」と感じられます。

準備しているところには地震は来ません。厳密に言うと、来ないのではなく、準備しているから大丈夫なのです。「これはひどいヤツがいるな。だまされたヤツもだまされたヤツだよね」と言う人は、理不尽に弱いです。

たとえば、不祥事を起こした会社のニュースを見たら、「自分は迷惑を受けているわけではないけれども、ひどい会社だな」と怒るより、「自分のまわりでも起こるぞ」と考えればいいのです。

物事に対して、「これは自分がさせられる役になるかもしれないし、他人事じゃないな」と考えられることで、理不尽に強くなれるのです。

心のキャパが広がる習慣 25

明日は我が身と当事者意識を持とう。

負けた理由をルックスに求める人は、理不尽に弱くなる。

「自分も負けないぐらい仕事をしているのに、なぜ同期のあの人がプロジェクトリーダーになって、私はその一スタッフなんだ」と文句を言う人がいます。

「理由は簡単、ルックスだ」「組織の中で、結局は顔か」と考えるのは、理不尽に弱い人です。

理不尽でグチる人は、うまくいかない時にわかりやすい理由を探すのです。

「私とあの子を比べて、あのコがリーダーになるということは、顔だな」と考えた時点で、反省がなくなります。

自分には何が足りなかったかを考えるのではなく、「美人は得だよね」「なぜ美人に産んでくれなかったの?」と、親に文句を言うのです。

たとえば、「あの人にはセンスがあるから」と負け惜《お》しみを言う人がいます。

私が行っているスポーツマッサージのトレーナーさんから、「今度、鍼灸《しんきゅう》の学校の先生になるんですが、人間が何か職人芸を身につける時にセンスは関係ありますか」と聞かれた時、私は「ないですね」と言いました。

すべて後天的学習です。

後天的学習の集まったものを「センス」と言っているだけです。

「先天的なセンスで、うまくいく人といかない人が事前に決まっている」と言うのは、理不尽に弱い人です。運命は与えられるものと思っているのです。

運命は、作るものです。そう思っていれば、うまくいかない時に、「自分には何が足りなかったんだろうか」と常に反省できます。

運命は与えられているものなら、文句を言うしかありません。

親に対して文句を言うだけの人は、成長や進歩が何もありません。

理不尽を乗り越えていける人は、「あの人がしていて、自分がしていなかった何かがあるはずだ」と気づきます。

心のキャパが広がる習慣

26

本当に負けた理由に立ち向かおう。

理不尽に強くなるためには、物事の一部分ではなく全体を見る必要があるのです。

「理不尽」と言う人は、「それをしたのにうまくいかない」と、負けた原因を1個と考えます。「○○ダイエット」と同じです。「○○ダイエット」は、「○○」の部分をコロコロ変えます。1点突破だけを考えるからです。

「どうしたらベストセラー作家になれますか」と聞くのもおかしいです。

ベストセラーになる要素は1個ではありません。全人生がその本に出ているのです。

うまくいっている人とうまくいっていない人とは、24時間の過ごし方が違います。

「1カ所こうしたら売れる本は作りますか」と聞く人は、思い違いをしています。

本を書くことは、そんなに簡単ではありません。

この時の分析の差は、1個ではありません。

100個、1000個のところで負けています。

人との勝ち負けにこだわると、理不尽に弱くなる。

「理不尽だ」と言う人は、勝ち負けにこだわっています。
たとえば、ボクシングの階級には体重制限があります。
梅干しを見てつばを出して、何グラムの体重を減らして試合に臨む世界です。
山中慎介選手は、制限体重2キロオーバーの相手と試合をして負けました。
その試合を見て怒る人もいました。
私は、山中選手は納得して引退したと考えます。
決してイヤになって辞めたわけではありません。
あの試合は山中選手の勝ちでした。
ボクシングの戦いは、

① リングの上の戦い
② リングに至るまでの体重を絞る戦い

の2つがあります。メタボの人が痩《や》せるのとはわけが違います。

筋肉だけの人の体重を10キロから落としていくのは過酷《かこく》な戦いです。

それで精神力をキープし、練習もしていくことにおいて、山中選手は、制限体重をオーバーしていた相手に勝っているのです。そういう見方ができるかどうかです。

第三者から見た勝ち負けはどうでもいい世界です。

世の中で「理不尽だ」と言われることが起きた時に、自分の中で「これは山中選手の勝ちでしょう。納得して山中選手は引退した」と言えることが大切です。

あらゆることで「勝って終わるのがいい」と考えるのは、理不尽に弱い第三者の見方なのです。

心のキャパが広がる習慣

27 自分との勝負をしよう。

第4章

「めんどくささ」を、楽しもう。

物質では、満足できない。満足は、気から。

理不尽だとグチる人は、「リターンの満足度がない」と考えています。
満足には、
① 物質的な満足
② 精神的な満足
の2通りがあります。
物質的な満足は、わかりやすいです。
精神的な満足は、自分で手に入れるしかないのです。
「病は気から」と同じように、「満足も気から」です。
「気」は受ける側の力量の問題です。

心のキャパが広がる習慣

28

自己満足しよう。

受ける側に力量がなければ、満足はできないのです。

「本を読んだんですけど、いまいちでした」と言う人がいたらどうでしょう。

「私の力がいまいちでした」なら、まだわかります。

いまいちか面白いかは、読み手の力量によります。

自分が恥ずかしいことを言っていることに気づいた方がいいのです。

精神的な満足は、自分が修業しなければ得られません。

自分の修業を棚に上げて「リターンがない」と言うのは、サッカーのルールを知らずに「サッカーは面白くない」と言っているのと同じです。

すべてのことに、それぞれのルールがあります。相撲の立ち合いで「なんですぐに始めないんだ」と言われても、相撲はそこが面白いところです。

理不尽だと騒いでいる人は、自分の勉強を棚に上げているのです。

わかりやすさを求めると、底が浅くなる。

自分がわからないものに対して、「もっとわかりやすくしてよ」と言う人がいます。
わかりやすさを求めると底の浅いものになります。
子どもの社会では、わかりやすいことが美徳です。
わかりやすいものほどよしとするのは、社会が文化的に退化しているのです。
わかりやすいものとは、食べ物で言うと、味の濃いものです。
チェーン店は味が刺激的で濃いのです。
料亭は味が薄いのです。
その薄い味の中に、みずから何かを見出すのです。
味が濃い料亭はありません。

味つけは、ついているか、ついていないかの境目です。
だから難しいのです。
味を濃くするのは、いくらでもできます。
放っておくと、辛いものは、もっと辛くなります。
濃いものは、もっと濃くなります。
作り手は毎日食べているから、どんどんエスカレートしていくのです。
「辛《から》い」とか「甘い」とかは、「味」とは言いません。
味は、「これ、なんだろう」と思うぐらいの微妙なものです。
ダシの味だけとか、目に見えないものを味わえることが大切です。
量の問題ではないのです。
高級店に行くと、お客様は味に対する感覚を研ぎ澄まされます。
チェーン店は満腹度が勝負です。
デートでチェーン店に連れて行ってどうするんだということです。
デートで求めるものは、満腹度ではなく、楽しい時間であり、思い出です。

濃厚な時間であって、濃厚な味ではないのです。
料亭に行って「量が少ない」と怒っているのは、おかしいのです。
料亭では、大きい器にほんの少しだけのっています。
しかも、値段が高いのです。
ネットでも「高い」という意見が出ています。
ふだん料亭に行っていないから仕方がないのです。
そういう人は、ふだんは山盛りで大盛り無料のお店に行っているのです。

心のキャパが広がる習慣

29

濃さより、深さを見出そう。

仕事を任せてくれないのは、任せてもらえるような仕事の仕方をしていないからだ。

「上司がいちいち仕事をチェックしてくる」と、文句を言っている人がいます。
それは部下の仕事の仕方が心配だからです。
上司が安心できるような仕事をすれば、上司は安心して任せられます。
任せてもらえないのは、任せてもらえるような仕事の仕方をしていないからです。
たとえば、何も報告されないと、上司は心配になって口を出します。
報告をしていたら、口は出しません。
部下は部下で、報告や相談をしたら口出しされると思っています。
だから、報告も相談もしないのです。

部下の中では、この行為は理にかなっています。

「せっかくこっそりやっていたのに、見つけられたよ」と言いますが、こっそりやるから見つけられるのです。

ホウ・レン・ソウをした方が口出しされるというのは、部下の理屈です。

上司側の理屈では、ホウ・レン・ソウしておいた方が口出ししなくなるのです。

親子関係も同じです。**親が子どもを子ども扱いするのは、子どもが親を安心させるような行動をとっていないからです。**

隠れて何かをしようとすると、親は心配だから、よけい干渉《かんしょう》してきます。

「隠れてする」→「よけい干渉する」→「ますます隠れてする」という負のスパイラルに入るのです。

理不尽と騒いでいる人は、場当たり的な改善をしようとして、よけい自分自身の首を締《し》めていくのです。

30

任せてもらえるような仕事の仕方をしよう。

親から、理不尽を学んだ子どもは、社会の理不尽に強くなる。

私は親に感謝しています。

私の親は信心深いので、正しいことと間違っていることをきちんと教えてくれました。

一方で、世の中には理不尽なこともあるということを、ちゃんと教えてくれました。

子どもは親子関係で理不尽を習います。

犬は飼い主さんから理不尽を学びます。

犬をしつける時は、毎日同じ時間にごはんをあげないようにします。

毎日同じ時間にごはんをあげていると、その時間にごはんをあげないと、犬は「ごはんの時間なのに、なぜないのか」と、理不尽に思います。

これが「お客様は神様です」状態です。

ごはんの時間は飼い主さんの都合で決まります。

それを学ばせるために、わざと時間をずらすのです。

犬は体内時計を持っているので、ごはんの時間はわかっています。

その時間にごはんが出ないと、「おかしい」と思って、その辺を噛んでみたり、遠吠《ぼ》えをしたりします。

それは自分を神様だと思っているからです。

「決められているのは、これのはずだ」と思っているのです。

子どもも同じです。

子どもの言っていることをそのまま全部受け入れて、欲しいものを買い与えたり、約束をすべて守っていると、子どもが神様になっていきます。

ひとりっ子では、よけいこの現象が起こります。

私の父親と母親は、きょうだいの数が聞くたびに違うのです。

親も覚えていないし、子どもも覚えていません。

父方の祖母は、父親の誕生日が7月なのに、「7月には子どもを産んでいない」と言っていました。

きょうだいは12人で、近所のオバチャンに預けられていたので仕方がないのです。

私の親は商売をしていたので、1年中、休みなしです。

昼は染物屋《そめもの》、夜はスナックです。

2つの仕事をしているから、それでなくても忙しいのです。

「今度○○に行こう」という約束は、平気ですっぽかされます。

楽しみにしていた子どもにとっては理不尽です。

文句を言うと、親に「予定は未定、臨機応変《りんきおうへん》」と言われます。

私はこれで理不尽を学んだのです。

子どもが親に対して理不尽を感じないとしたら、それはある意味、成長がとまっています。

理不尽だと感じたら、成長の階段に足を1歩かけたということです。

理不尽から逃げたら、成長はとまります。

理不尽とどう折り合っていくかを学ぶことが大切です。

世の中の理不尽はなくなりません。

それとどうつきあっていくかです。

受験とか会社、学校とか先生とか上司と戦うよりも、理不尽とケンカしないことの方が大切なのです。

心のキャパが広がる習慣

31

子どもには、理不尽があることを教えよう。

賛成してくれる味方より、反対してくれる仲間を持つ。

「仲間」と「味方」とは違います。

どちらが欲しいかで、理不尽に強くなれるかどうかが分かれます。

「理不尽」と騒ぐ人は、「味方だと思ったのに」「味方してくれると思ったのに」と文句を言います。「仲間だと思ったのに」というのは、言葉としてありません。

味方とは、「賛成してくれる人」のことを指します。

仲間とは、「やめときな」と反対してくれる存在です。

時にはブレーキをかけてくれます。「それをするとコンプライアンスの壁を越えるよ」「それをすると危ないよ」と、耳に痛いことを言ってくれるのが仲間なのです。

これは、上司・部下・同僚・家族、みんな同じです。

心のキャパが広がる習慣
32
反対できる仲間になろう。

人間は、つい味方を求めるのです。

自分がしようと思ったことに反対する意見を言われると、「エッ、味方してくれると思ったのに。もうあなたなんか友達じゃない。ショック」と言う人がいます。

理不尽で騒ぐ人は、すぐ「ショック」「傷ついた」と言います。傷つくのが得意です。

いざ物事がうまくいかなくなった時、賛成してくれた味方はシュッといなくなります。

味方は、そのつどのワンポイントリリーフです。

味方は、永遠には存在しません。

仲間は、永遠に続く存在です。

「いいね！」と言うのが味方です。「ここはもうちょっとこうした方がいいよ」と、厳しく言ってくれるのが仲間なのです。

ダメ出しをしてくれるのが仲間だ。

棟方志功《むなかたしこう》さんは、若いころは画家を目指していました。

面白いのは、棟方志功さんには「わだばゴッホになる」という言葉がキャッチフレーズのようにつくのです。

そう言っているうちは、売れませんでした。

落選続きで、「売れることより自分のいい絵を描くことを考えた方がいいんじゃないの？」と言われたほどです。

版画に詩を入れる作家にめぐり合い、「こんな世界があるんだ」と驚いて、版画に詩を入れる独自の世界をつくり出しました。

棟方志功さんは、何せ膨大《ぼうだい》なエネルギーの人なのです。

巨大な版画を作って、「これを展覧会で展示してくれ」と言いました。

それは、多くの作家の出品する展覧会でした。

版画の部屋があり、棟方さんの巨大な版画を飾ると、ほかの人の絵は飾れません。

「すみません、4分の1だけ飾らせてもらっていいですか」と言われると、「全体で1つの作品なので、それは困る」と断りました。

芸術家なので、作品に対する思い入れがあるわけです。

ほかの人のことまでは考えていません。

これが棟方志功さんの情熱なのです。

そこへ「何をもめているの？」と登場したのが柳宗悦《やなぎむねよし》さんです。

柳宗悦さんは、「君、面白いね。これ、うちで買おう」と、その作品を買いました。

そこから2人の師弟関係が生まれたのです。

柳宗悦さんは、「君、こういうのを描いたらどう？」と提案したり、ダメ出しもする
プロデューサーでした。

名もなき人が作る民芸品にも、素晴らしい芸術品に負けない世界が存在するという

民芸運動を始めた思想家の柳宗悦さんを師として、棟方志功さんは版画の世界に入っていったのです。

ある時、柳宗悦さんが体を壊して入院しました。

棟方志功さんは、昔、柳宗悦さんからもらった手紙の文言を30枚の版画にして、お見舞いがわりに届けました。

普通なら、入院中の柳宗悦さんが「ありがとう」と感激したという話で終わります。

実際は、見舞い品の版画に「これとこれはやり直し」と、ダメ出しをしたのです。

さすがプロデューサーです。

それをやり直した棟方志功さんも偉いです。

やり直した版画を持って行くと、柳宗悦さんに「次はこれ」と渡されました。

最初は30枚だったのが、最終的に72枚になりました。

見舞いで持ってきてくれたものに対してダメ出しをする、それを受け入れるという師弟関係は凄《すご》いです。

これこそが本当の仲間なのです。

心のキャパが広がる習慣

33

仲間のダメ出しを受け入れよう。

アウトプットだけで、判断しない。

スーパースター空海は、当時の超エリートの最澄《さいちょう》と中国に行きました。

その時、長安青龍寺の恵果《けいか》和尚は、中国にも膨大な数の弟子がいるのにもかかわらず、空海だけに密教の奥義《おうぎ》を授けました。

それは空海がスーパースターだったからではありません。

まず圧倒的に違うのは、空海は渡った瞬間から中国語がベラベラでした。

最澄は、国の通訳を連れていました。

通訳つきの最澄と中国語がベラベラの空海とでは、中国で相手に与える印象は圧倒的に違います。

当時、日本には中国人の修行僧が密《ひそ》かにいました。

空海は、その人たちから中国語を直接習っていたのです。

そのため、中国に行く時には中国語がベラベラでした。

最澄は、国費留学生です。

空海は、私費留学生です。

空海は、山を歩いて水銀採掘をして、留学費用を賄《まかな》いました。

空海の通っていた中央構造線はすべて水銀が出るところでした。

当時は、渤海《ぼっかい》の国から水銀を求めに日本へ渡って来る人がいました。

空海は、高く売れる水銀で商売をしながら、あちこちに灌漑《かんがい》の池を作っています。

灌漑をすることで、同時に採掘もできます。

それこそ普通の人が入れないような秘境の山へ登って水銀の鉱脈を見つけました。

空海は、そこで稼いだお金を留学費用に充《あ》てたのです。

間もなく死期が近づいている最高位の僧侶の恵果が、空海に会った瞬間に「あなたに秘伝を授ける」と言うのは、お話としては説得力に欠けます。

空海は事前に恵果に論文を送っていたのです。

一種の根まわしです。

今の時代に生きていたら、空海はＩＴ企業を経営するくらいの行動力があります。

単に空海はスーパースターだからということでは解決できないのです。

私は、よく「中谷さんはお忙しいのにね」と言ってもらえます。

その「忙しい」はアウトプットを基準にしています。

書いている本の量と仕事の多さを見て、「忙しい」と言ってくれているのです。

私のインプットの部分については誰にもわかりません。

「あの人はバリバリ仕事をしている」と言うのは、アウトプットしか判断基準がありません。

空海が語学力を身につけたり、収入を得たインプットの部分は大切なことです。

人を見る時は、アウトプットだけを見て「理不尽だ」と言わないことです。

自分と相手のインプットを比べれば、結果としてすべて理にかなっていることがわかるのです。

心のキャパが広がる習慣

34

インプットの量を比べよう。

キャンセルがイキになる体験をすることで、理不尽に強くなる。

男性は、女性と旅行をする時に、1つでもアクティビティーを多くしようとします。

たくさん名所旧跡をまわれるように、ギュウギュウのコースを組みます。

たとえば、早起きして朝ごはんを食べて、「よし、普通は3つしかまわれないところを今日は5つまわるぞ」と男性が旅行のダンドリを考えていました。

すると、彼女がいきなり「ちょっとゴロンとしたい」と言いました。

男性は、「ふざけるな。そんなことを言っていたら、5つまわるために完璧に組んだすべてのスケジュールが崩れる。もう好きにしろ。1日寝てろ」と怒りました。

男性から見ると、女性は一緒に旅行するのには理不尽な存在です。

頑張るタイプだからこそ、「何を言っているんだ」「こっちのダンドリをどう考えているんだ」と文句を言うのです。

男性は、0か100かで判断するので、「これでダメなら、もう好きにしろよ」「もう1日寝てろ」とキレてしまいます。

女性は、ごはんを食べた後に少しゴロンとするぜいたくを味わったら、1時間後には出かけたいのです。

「女心と秋の空」とは、このことです。

男性は、1時間後ではすでにスケジュールが壊れているので、立て直すことができません。

「なんだと！　寝ているのかと思ったら、また1時間後には行きたいだと？」とムッとします。

一度キャンセルしたものを変更するのが苦手なのです。

理不尽に弱い人は、キャンセルまでは許そうとします。

「キャンセルをまたイキにしてください」となった時点でプツンとキレます。

心のキャパが広がる習慣

35

キャンセルがイキになっても、笑って受け入れよう。

キャンセルをイキにすることは、仕事ではよくあります。

キャンセルを笑って受け入れることが大切です。

勝負どころは、「さっきキャンセルをお願いしたんですけど、やっぱりイキでいいですか」と言われた時に、笑って受けられるかどうかです。

こういうことは、旅行で学べます。

旅行はこの連続です。

たとえば、上司に「明日の朝までにこの企画書を作って」と言われて徹夜で企画を作りました。

翌朝、上司から「ゴメン、ちょっと方向が変わっちゃったんで」と、その企画がキャンセルになるということは日常茶飯事です。

それを20代のうちに社会人でたくさん勉強しておけばいいのです。

便利な社会になると、ちょっとした不便が、理不尽に感じる。

世の中がどんどん便利になるほど、ちょっとした不便を凄い不便に感じます。

それらは、文明が進んでいない時代には当たり前だったことです。

「理不尽だ」と言う人は、「めんどくさい」「効率が悪い」と言っているのです。

非効率を楽しめないからです。

非効率を楽しめることで、理不尽に強くなれます。

「せっかく自分が効率よくしようとしたのに、1時間ゴロンとしたいなんて、効率悪い」とムッとする人がいます。

「ちょっとここを寄り道したい」と言われて、「そこを寄り道したら、あとがうまくいかなくなる」という効率主義からサプライズは生まれません。

非効率の中から予期しない何かが生まれてくることが芸術です。

経済は、効率で極められます。

文化は、非効率の中から生まれます。

非効率でめんどくさいこと、手間のかかること、してもあまり意味がないようなことをどれだけしていけるかという遊びの部分は、文化的な非効率の中にあります。

非効率なことに対して「理不尽だ」と言う人は、経済で終わりです。

究極、文化は理不尽を超えたところにあるのです。

心のキャパが広がる習慣
36
非効率を楽しもう。

第5章

「思いどおりにいかないこと」を、面白がろう。

理不尽とは、「思いどおりいかない」とグチをこぼしているだけだ。

理不尽とグチるのは、

「思いどおりいってなーい」

「なんで思いどおりいかないんだーッ」

と文句を言っているだけで、恥ずかしいことです。

こういう人は、「思いどおりいくことが普通」という思い込みがあるのです。

実際は、思いどおりいかなかったり、軌道《きどう》からそれることが普通です。

軌道どおりいくものが普通だと思っている人は、「なんで軌道からはずれるんですか」と文句を言います。

道は混んでいるのが普通であって、空いているのは、まれなのです。

あれほど人類の英知を結集したアポロ計画の月ロケットでも、9割は軌道からそれていました。

軌道修正しながらロケットを飛ばしていたのです。

それでも月に着陸し、また帰ってこられるのは凄いことです。

凄いのは、事前に軌道計算することではありません。

軌道からそれていることを把握し、もとの軌道へ戻す力が必要なのです。

「なんで軌道からそれるんだ」と文句を言っても仕方がありません。

仕事も同じです。

仕事の9割は、軌道からそれます。

初期の計画からまったく変わっていくのです。

理不尽に弱い人は、修学旅行以外の旅行をしたことがないのです。

プライベートの旅行は軌道からそれることの連続です。

修学旅行は、時間どおり、軌道どおりに行くことが目的です。

修学旅行において、サプライズはありません。

「今日は成り行きでこれをしてみるか」ということはないのです。

「ハイ、起きて」「ハイ、ごはん食べて」「ハイ、寝て」と、決められたことをきちんとこなします。

修学旅行に慣れていて「旅行とはそういうものだ」と思っている人は、物事を成り行きで決めることができないのです。

心のキャパが広がる習慣

37

旅をしよう。

ホンネとタテマエを分けて受け取れる人が、AIに勝てる。

大学や会社の就職の面接も、テーマはAIばやりです。

「AIに人間の仕事は奪われる」と言いますが、残る仕事もあります。

AIが最も苦手なのは、ホンネとタテマエを使い分けるという仕事です。

人間のホンネとタテマエの使い分けは、AIよりもっと凄いことをしているのです。

「理不尽」と言う人は、「文学作品なんか読んできませんでした」と言う理系の0か1かで判断するような人です。

仕事上の部下と上司の会話で、

「だって、課長はさっきこれでこうだと言ったじゃないですか」

「それはタテマエだよ。さっきは部長がいたからね」

というダブルスタンダードは、日本人が最も強いことです。

ダブルスタンダードは世界中にあります。

「外国人はホンネとタテマエが一致している」というのは大きなウソです。そんなことでは外交なんてできません。

「握手しながらパンチ」というのが外交です。

それに対して、「この外交問題をどう思いますか」と聞かれても、コメントはできません。見えないところで握手をしたり、パンチをしていて、外交の情報は正確にわからないからです。出てくる情報はタテマエの情報だけです。

ホンネとタテマエに対してうまく接することで、社会がスムーズにいくのです。ホンネとタテマエが一致する社会は、ギスギスします。

たとえば、お医者さんが患者さんに対して「治らない」と平気で言ってしまいます。「あなたは痩せない」と言われたり、「あなたは合格しない」と塾の先生に言われたら、人々の関係はギスギスします。未来への可能性がなくなるからです。

心のキャパが広がる習慣

38

ホンネとタテマエを分けて聞こう。

「これは通るとは言えないけれども、通らないとも言えない」というファジーな、曖《あい》昧《まい》さかげんが人間の凄い力です。

「この曖昧さがＡＩにできるならやってみろ」という世界です。

実際には、ＡＩに対してホンネとタテマエのデータをそのつど入れかえてインプットする必要があります。

ホンネとタテマエは、その瞬間ののらりくらりで使い分けるものです。

日本人の得意な堂々めぐりの議論は、コンピュータがパンクしてしまいます。

日本人は堂々めぐりが平気です。

理不尽に弱い人は、のらりくらりができないのです。

ホンネとタテマエを使い分けることは、人間社会をスムーズにするコミュニケーションの1つの手法なのです。

合理性を突き詰めると、非合理な人間とつきあうのがしんどくなる。

「理不尽」と言う人は、すべてのことを合理性で突き詰めようとします。

人間は、すべてが合理的では成り立っていません。あるところでは、きわめて非合理的なことをします。

「人間は非合理的だ」と考えないで、合理的なものだけで突き詰めるから「おかしい」と破綻するのです。

女性は、ふだん「怖いのは嫌い」と言うのに、ジェットコースターに乗ったり、お化け屋敷に入るのが好きです。

男性は、「安全第一のはずなのに、なぜそんなリスクを背負うんだ」と不思議に感じます。

ここが女性の非合理的なところなのです。

恋愛では、「こっちは浮気もしないし、君に一途なのに、なんであんなモテモテの男のところへ行くんだ」ということが起こります。

恋愛は合理性では成り立っていません。

究極、非合理的な動きです。

感情で動くからです。

「感情」の定義は、「合理性を超えているもの」です。

合理的に割り切れない答えが出るのが感情です。

「だってそうしたかったんだもん」で終わりなのです。

そこには理由も何もなく、好き嫌いだけです。

そもそも人間とは合理性だけではなく、非合理的な人もいると考えてつきあえばいいのです。

自分から見ると非合理的な人も、相手の中では何がしかの合理性が成り立っているのです。

たとえば、隣町のスーパーの卵が1パック50円で売っているからと、タクシーに乗って買いに行く女性がいます。

男性からすると「何してるんだ、おまえ」と思うことでも、女性にとっては「隣町の方が安いから得した」と思えることがあるのです。

心のキャパが広がる習慣 39

人間は非合理だと考えて、つきあおう。

正解は、1つだと思い込むと、正解の奪い合いになる。

「理不尽だ」と騒ぐ人は、正解が1つだと思い込んでいるのです。

小学校の問題は、正解が1個です。

大人の社会では正解が無限にあります。

社長の正解、部長の正解、課長の正解……、すべて正解なのです。

小学校のルールで正解は1個と考えている人は、同僚が正解となった時に「じゃ、オレのは不正解か」「正解をとられた」と思います。

福引のガラガラの中には当たりが1個しか入っていないと思う人と同じです。

そういう人は、誰かが当たりを引くと、「とられた」と騒ぎます。

実際は、社会のルールは違うのです。

正解はたくさんあります。

仲間に正解がいても、まだ自分にも正解が出る可能性はあります。

正解が1個だと思うから、誰かに正解が出た時に「なんでオレは間違いなんだ」と文句を言うのです。

誰かがほめられた時に「自分はけなされている」と感じるのは、ほめられる人は1人だと思っているからです。

それは、小学校の100点満点のテストの点数順というルールから抜け出せていないのです。

社会は、もっと複雑怪奇です。複雑怪奇だからこそ、うまい具合いに、みんなにすべてのチャンスがめぐってくるのです。

心のキャパが広がる習慣

40

正解は、いっぱいあると考えよう。

理不尽は、勉強することで、乗り越えられる。

理不尽とは、「因果関係がわからない」ということです。

因果関係がわからない、楽しみ方がわからない、ルールがわからない、マナーがわからなくて楽しめないことは、勉強するしかありません。

「相撲《すもう》の取り組みは、なんですぐに動かないのか」

「茶道の作法は、めんどくさい」

と、文句を言う人がいます。

めんどくさくすることによって世界が広がったり、制約を増やすことで楽しむ世界があるのです。

「理不尽だ、理不尽だ」と騒ぐ人は、勉強していないのです。

人間は、

①「理不尽だ」と騒ぐ人

② 勉強している人

の2通りに分かれます。

「理不尽だ」と騒ぐなら、勉強すればいいだけのことです。

たとえば、現代アートがわからない時は、「この作者はそもそもどんな人なの?」と、作者の生い立ちと人生を調べます。

「ヘェ、面白い人が世の中にいるな」とわかれば、そのものの見方がわかるキッカケになります。

勉強や準備をする努力を何もしないで楽しみたいと思うのが、「理不尽だ」と騒ぐ人です。

これは、お客様意識なのです。

理不尽に強くなるためには、勉強しないとお客様にはなれないと考える必要があります。

社会が成熟化社会に向かう時、負の遺産として出てくるのが、お客様を甘やかしすぎることです。

本来は、勉強しなければお客様にはなれなかったのです。

誰でもかれでもお金を出せばお客様になれるような幻想を抱かせる中で育った人たちは、経済の犠牲者になっているのです。

心のキャパが広がる習慣 41

凹むヒマがあったら、勉強しよう。

「おいしいお店は、混んでて入れない」というのは、理不尽ではない。理にかなっている。

「おいしいお店があるんだけど、行ったらいつも混んでるんだ。しかもあの店は予約を受けないんだ。理不尽だ」と怒る人がいます。

おいしくてお店が混んでいるのは理にかなっています。

「なんで並ばなくちゃいけないんだ」と文句を言うのはおかしいです。

並べば食べられるのです。

「予約がとれない」と言うのは間違っています。

予約がとれなければ、誰もが食べられません。誰かしら予約をとっているのです。

中には、年に１日しか予約をとらない地方のお寿司屋さんがあります。

おでん屋さんで、半年先まで予約が埋まっているお店もあります。

予約がとれないのではありません。

予約をとった人は、早く電話をかけたり、並んだりしているのです。

そういう労力を怠って、「半年先におでんが食べたいかなんてわからない」とグズグズ言っているから、予約がとれないだけのことです。

厳密には、予約がとれないお店はありません。

そんなことをしていたら、お客様が来なくなってお店がつぶれてしまいます。

誰かしらお客様が来ているからお店が続いているのです。

理不尽に弱い人は、すべて自分がラクしたいという気持ちが基準になります。

その手間をかけるほどの情熱がなくて「理不尽だ」と言うのです。

それはラクしていい結果を求めているにすぎません。

ラクチンが一番好きなのです。

混んでいるお店に行ける人は、地道に並んだり、早く予約しています。

「先のスケジュールは仕事のダンドリがわからない」と言う人がいます。

予約をして行く人たちも仕事が忙しいのです。それでも、予約した日のスケジュールをあけるために凄い努力をしているのです。

心のキャパが広がる習慣

42

自分の都合だけで考えていることに、気づこう。

「値段が高い」と思うものは、買わなければいい。

「値段が高い」「足元見やがって」「なんでこんな汚い茶碗がこの値段なんだ」と怒る人は、買わなければいいのです。

「高すぎる」と言う人は、その価格に見合う価値を見出していません。

お店の人も、値打ちのわからない人に売りたくありません。

よくネットの中で「このお店はおいしくない」と言う人がいます。

ネットでは、おいしいお店を書いてあげればいいのです。

「おいしくない」と言うのは、自分が価値を見出せなかったという恥ずかしい発言です。

それをあえて言う必要はありません。

お店でも「○○のお店はおいしくない」という話をずっとしている人がいます。

私はそういう時、「この会話には生産性がないぞ。○○がおいしかったという話をしようよ」と思います。

「理不尽だ」と言う人は、「あの人のこういうところが嫌い」という議論を延々続けます。

これがコミュニケーションの陥りがちな落とし穴です。

そういう場にいると、「それでよく2時間話していられるな。消化に悪い」と、イヤな気分になります。

理不尽に強くなるためには、面白いと思う話をした方がいいのです。

心のキャパが広がる習慣

43

「面白くない」より「面白い」という話をしよう。

「100%わかり合える」を前提にすると、コミュニケーションはできない。

「人と人とは必ずわかり合える」というのは幻想です。

「理不尽だ」と怒る人は、きれいごとが好きなのです。

「私はずっと運がよくて」と、ムリに思おうとしています。

ふだん、本人は怒ったりしているのです。

運が悪いことばかりあるのに、『運がいいと思わなければいけない』と本に書いてあったから」とムリをする人は、凄くストレスがたまっています。

「私はムッとすることが一度もない」と言いながら、顔がこわばっている人がいます。

「人と人は100%わかり合える」と思う人は、「絶交」と言います。

「あなたとはわかり合えたと思ったけど、98%だったので絶交します。この2%は大きいです」となるのです。

これでは人とつきあえません。

結婚して、何十年連れ添った夫婦でも、お互いにわからないところがあります。

それによって、自分自身を保てているという面もあります。

相手に自分のことを全部理解されたら、奴隷になったのと同じです。

わけのわからない秘密を持っていた方がいいのです。

「100％わかり合える」と思い込んでいるから決裂するのです。

決裂しない人は、「わかり合うのはムリなんだよね」というところから始まって、「とりあえず1％でもわかり合おうよ」と考えます。

「100％わかり合える」という前提のない人は、

「あのテロ国家でもなんかあるんじゃないの」

「このイヤな上司だって、なんかあるんじゃないの」

「このクソ部下でも何かあるんじゃないの」

と、わかり合える1％を探します。

そうしないと、「わかり合えるはずなのに、あのクソ上司はなんだ！」と、人間関係が決裂してしまうのです。

心のキャパが広がる習慣

44

「1％でもわかり合おう」としよう。

いいものは、評価される。ただし、時間がかかる。

「理不尽」とグチる人は思い込みが強いのです。
「いいものは売れる」という言葉は正しいです。
ダメなものも、それなりに売れます。
「いいものは売れる」の下の句は、「ただし、売れるまでに時間がかかる」です。
いいものは、すぐに売れません。
むしろすぐ売れるのは、ダメなものの方です。
ダメなものは、すぐ売れて、すぐ売れなくなるのです。
せっかちに上の句だけに飛びついてしまうのが「理不尽だ」と騒ぐ人です。

下の句を読んでいないのです。

心のキャパが広がる習慣

45

すぐに評価されるものばかりを、追いかけない。

すぐ評価されるものばかり追いかける人は、「理不尽だ」と騒ぐようになります。

「私はこんなにいいものを作っているのに、なんでみんなはわかってくれない？」と言っても、よさをわかってもらうまでには時間がかかります。

自分の商品より売れている商品に対して、「たいしたことないのに、なんであんなものが売れてるんだ。あれはやがて売れなくなるのは目に見えているのに」と文句を言う人がいます。

自分の商品が売れないことで、自分自身が否定されたような気持ちになるからです。

自分の商品の売上げと自分自身の評価は、別の話と考えればいいのです。

第6章

「トラブル」が、仲間を見つけてくれる。

イヤな人には、「大変な仕事だな」と同情する。

たとえば、イヤな上司がいた時、「あの人はあんな仕事をしていて最低！　これは理不尽」とグチる人がいます。

その時の考え方として、私が好きな映画は『この世界の片隅に』です。

かわいそうな映画を観たくないという理不尽に弱いタイプには、ハードルの高い作品です。

ただ、この映画は戦争映画なのにほのぼのとしているのです。

私は何回も観るたびに新しい場所を発見します。

原作も読んで、ますます深さがわかりました。

好きな場面は、絵を描くことが好きな主人公のすずちゃんが、日ごろのつらいことを絵に描いていくところです。

嫁ぎ先の呉《くれ》の海を丘の上から見ながら船を描いていると、憲兵がやって来て「スパイだな」と言われます。

そのまま家に連れ戻されて、家宅捜査をされます。

その間、義理のお母さんや義理のお姉さんなど、家族がみんなうなだれていました。

憲兵さんが帰った後、だんなさんが帰って来て「何があったんだ」と言いました。

みんなは泣いたり、すずちゃんに怒ったりしているのかと思ったらゲラゲラ笑い始めます。

家族の1人が「憲兵さんも大変だねぇ」と笑い出しました。

まじめにお役目を果たしている憲兵に対して、「大変だよねえ」と言って笑い話にできるところがたくましいです。

この映画は、逆転の多い話なのです。

食料が乏《とぼ》しい時に、少ない材料からごはんを多くする方法をすずちゃんが本で調べて、楠公飯《なんこうめし》を作ってみました。

「ワア、今日はごはんが多いな」と言って食べた後、次のシーンでは、「楠木公《くすのき》はよくあんなまずいものを食べていたな」と言う逆転の発言があります。

終戦後、何の列かわからないまま並んだのは残飯の列でした。

その残飯には「ラッキーストライク」というタバコの吸い殻《がら》が入っていました。

配られた残飯スープは、米軍の残飯をそのまま雑炊にしたものだったのです。

すずちゃんたちは、吸い殻に書いてある字が読めませんでした。

それを一口食べた瞬間「ウッ」となった後に、すずちゃんが「うまい！」と言いました。


理不尽を乗り越えられる人は、この逆転の発想でどんな状況でも楽しむことができるのです。

心のキャパが広がる習慣

46

上司と上司役を分けよう。

社外の問題は、社内の問題。社内の問題は、自分の問題。

経営者の人が「社外でこういう問題が起こりまして」と相談に来られました。

その時、私は「社長、それは社外の問題ではなくて、社内の問題です」とアドバイスしました。

社外の問題と社内の問題に、枠をつけているところがストレスのもとになるのです。

「理不尽」と言う人は、壁を作るのが好きです。

壁を作って何か抵抗しようとします。

壁を作れば作るほど、理不尽はしんどくなるのです。

理不尽に強い人は、お客様からクレームが来たら、「そのクレームに対応する時のスタッフの接し方に何か問題があったのではないだろうか」と考えます。

「お客様からこんなクレームをいただくのですが」という時は、クレームを言ってくるお客様の問題だけではなく、社内でそれをどうビジネスに生かしていくか考えるチャンスなのです。

社内の問題は、自分の問題でもあります。

「社員にこういうのがいるんですよ」「部下にこういうのがいるんですよ」というのは、結局、自分自身の問題です。

それは、部下の問題と自分の問題に壁を作っているだけです。

壁を作らないことが当事者意識です。

「これは社外の問題だから」と突き放す人は、当事者意識ではなく傍観者《ぼうかん》に逃げようとしています。

これが自分自身がしんどくなる原因です。

理不尽に強くなるためには、「これはみんなで考えなくてはいけない問題だよね」と気づく必要があります。

理不尽に弱い人は、つい「自分は関係ない」と思ってしまいます。

一番問題なのは、世の中の問題を考える時に無口になってしまうことです。

無口になってなんとか通り過ごそうとするだけでは、社会が明るい未来に向かっていきません。

常に自分の問題として、何か意見を言うことが大切なのです。

心のキャパが広がる習慣

47

自分を拡大しよう。

正しいことをしているのに、叱られてムッとする。全員、自分が正しいと思っていることをしている。

正しいことをしているのに叱られて、ムッとする必要はありません。
正しさは全員にあるからです。
叱っている側も正しいことをしています。
叱られている側も正しいことをしています。
どちらかが正しいのではありません。
交渉をする時は、どちらが正しいかという議論ではなくて、「みんな正しい」という前提が必要です。
問題は、どこで折り合いをつけていくかです。
お互いの正しさをすり合わせていくことがコミュニケーションです。
どちらが正しいかという議論はディベートになります。
ディベートはコミュニケーションとは違います。
勝ち負けのスポーツです。
理不尽に強い人ほど、自分の正しさにはこだわらないのです。

心のキャパが広がる習慣

48

自分の正しさに、こだわらない。

大切なことは、トラブルの時でないと言えない。

トラブルが起こった時に、「なんでトラブルがこんな時に起こるんだろう」とムッとする人がいます。

トラブルは「こんな時」に起こります。

トラブルが起こっていない時には言えなくて、トラブルが起こった時だからこそ、ついでに話せるということもあります。

トラブルが起こった時は、上司・仲間・部下に対して大切なことを伝えるキッカケを与えられたと考えればいいのです。

トラブルもないのに何かを言うのは、タイミングとしてはヘンです。

トラブルが起きた時は、「これをキッカケにこうしていこう」と言いやすい状況になっています。

そう考えると、何か言いたいことがある時にトラブルを待つようになります。

理不尽に強い人は、トラブルが起きた時に「あ、来た。言える」と大切なことを話せるのです。

心のキャパが広がる習慣

49 トラブルが起こった時は、大切なことを伝えるチャンスにしよう。

「いいこと」は、与えられない。「いいこと」は、自分で見つけるのだ。

「いいことがなかなか見つからない」「いいことをなかなか与えてもらっていない」と言う人がいます。

いいことは与えられるものではなくて、自分で見つけることです。

本に、よくアンケートが入っています。

そのアンケートは、「この本を読んでよかったこと」という文言にした方がいいのです。

そうすると、読者はいいことを探します。

いいことが見つからないのは読者の自己責任です。

たとえば、セミナーをした時にアンケートをとります。

そのアンケートに「本日、何かお気づきになったことがありましたら」と書いてしまうと、お客様は「○○がいまいちだった」ということを書かなければいけないのかなと思ってしまうのです。

お客様の脳を、よくないことを探す方向に持っていくのはＮＧです。

「今日のセミナーでよかったところは？」と聞くと、お客様はよかったところを探します。

そうすると、お客様は「来てよかった」と思えます。

アンケートは必ず「今日、来てよかったこと」を聞けばいいのです。

アンケートの目的は、お客様にいい気持ちになってもらうことです。

「改善点やご希望がありましたら書いてください」と言うと、お客様は改善点をイヤでも見つけます。

それでは、お客様には「いまいちの会だった」という印象になります。

アンケートを受けて、次に来た人たちに対して改善しても、今日来た人たちはなんの満足感も得られません。

今日来た人に満足して帰ってもらうためには、「よかったこと」を聞くのが一番です。

これを自分自身に置きかえて、**「今日よかったこと」を常に考えると、理不尽に強くなります。**

「よかったこと」は自分で見つけることが大切なのです。

心のキャパが広がる習慣

50

「よかったこと」を自分で見つけよう。

見返りが足りないことで、関係が続く。

「自分が払った努力に対して見返りが小さいから理不尽だ」と言う人がいます。

「これだけしているのに、なんでそんなにギャラが少ないんだ」

「お客様が払っている料金より自分はもっと手間ヒマかけている。合わない。給料が安い」

と、イコール関係ではないことを怒るのです。

イコール関係は、決していいことばかりではありません。

イコールになった時点で、関係は終了します。

関係を続けるためには、イコールにならない方がいいのです。

自分が損をする不等号のままで居続けることによって、次回があるのです。

常に自分がかけている労力よりも見返りの方が小さい状態でいることによってリピートが生まれます。

続けることが大切なので、等号関係ができたら終了なのです。

野球で言うと、常に満塁ホームランを打っていると、塁上のランナーはいなくなって終わりです。

それよりは常にランナーが塁にいる状態を作り続けて、ヒットでつないで点をとっていく方が相手側はしんどくなります。

その状態を作るためには、常に不等号であることがベストなのです。

心のキャパが広がる習慣

51

もらい足りない状態でいよう。

「好きでも嫌いでもない、△のこと」で、縁が生まれる。

「理不尽だ」と騒ぐ人は、好きなことにこだわるのです。世の中には好きなことと嫌いなことと、好きでも嫌いでもない△のことがたくさんあります。

一番多いのは△です。

好きなことにこだわる人は、△は好きではないことに入れます。

すべてのことを「好き」か「好きでないこと」に分けてしまうのです。

芸術作品は、好きか嫌いかよくわからないようなものがあります。

初めての体験で、よくわからないことがある時に、好きでも嫌いでもない△をどれだけ楽しめるかが勝負です。

あえて「嫌いなことをしなさい」と言う必要はまったくありません。

好きなところばかり旅行に行く人は、旅の体験が広がらないだけです。

「嫌い」と言っているものは「結構好き」に近いのです。

「あの人、嫌い」と言うのは、大体好きな人に対してです。

むしろ、憧れの存在です。ライバルのことを「嫌い」と言うのは、そのライバルが持っている能力に憧れているのです。「嫌い」は「好き」なのです。

残るのは△のものです。

人間は、嫌いなことに対して「理不尽」と言うのではありません。
△に対して理不尽と怒るのです。
その△にこそチャンスがたくさんあって、自分のキャパシティーを広げることができるのです。

心のキャパが広がる習慣

52

「△のこと」をしよう。

興味のない話を聞くのではない。自分の興味とのつながりを見つけるのだ。

「興味のない話をなんで聞かなくちゃいけないんだ」と文句を言う人がいます。

理不尽に弱い人は、好き嫌いにこだわるからです。

興味のある話は凄く聞きますが、興味のない話は退屈そうに聞きます。

興味は、360度のうちの1度です。

359度は興味のない話です。

そのため、ほとんどの人の話をつまらなそうに聞くのです。

この人が「私は好奇心が強い」と言うのはウソです。

興味のあるものだけに対してではなく、興味のないものに対してグイグイ食いついていけるのが本当の好奇心です。

興味のない話を自分が興味のあることにつなげる話の聞き方をすればいいのです。

「理不尽」と言う人は、興味のあることと興味のないことをくっきり分けて、退屈そうにします。

「こんなことをしたくて私は編集者になったのではない」と言う人は、自分の描いているイメージが何かあったのです。

自分のイメージどおりの編集者の仕事もあれば、それ以外のTVには紹介されない仕事もたくさんあります。

そこに面白味をどれだけ感じられるかです。

「これ、TVには紹介できないよね」というところが本当においしいところです。

仕事を続けるうちに、「これはほかの人に言っても『フィクションだ。デフォルメしてる』と言われるよね」というところを体験できます。

当座はムリです。

私自身も、就職した当座はそんなことを言う余裕はありませんでした。

後から振り返ってみると、

「それは笑い話だよね」

「完全に良心のゴムが切れているよね」

「あれ、よく生き延びたな」

「奇跡の連続で生き延びているな」

とわかるので、興味のあることとないことをあまり分けすぎないことです。

そのためには**面白いものを探すことではなく、なんでも面白がることが大切なのです。**

心のキャパが広がる習慣

53

興味のないものの中に、興味を見つけよう。

第7章

「理不尽から逃げないこと」で、自信がつく。

笑って追い越されることで、自信がつく。

「理不尽だ」とグチをこぼす人は、「ラーメン屋さんで順番を抜かされた」と怒っている人です。

理不尽とは、理にかなっていないことではありません。

自分がほかの人と比べて損害をこうむったことを「理不尽」と言っているのです。

その証拠に、自分の方が順番より早く来た時は「理不尽」とは言わないで、「運がいい」と解釈します。

「理不尽」が、いかに自分勝手な発想かということです。

いい大人が「損をした」と騒ぐのは、みっともないことはわかっています。

「理不尽」と言うと、なんとなく筋道が通っているように見ることができます。

心のキャパが広がる習慣

54

「お先に、どうぞ」と言おう。

「損をしたこと」を「理不尽」と言いかえているにすぎません。

正義をふりかざしているようでも、「ラーメン屋さんで順番を追い越された」と怒っているだけなのです。

まずは、そこに気づくことが大切です。

そこで「お先にどうぞ」と思えるようになると、理不尽に対して強くなります。

理不尽をもとに、メンタル力が強化されるのです。

理不尽は、人間のキャパと器が大きくなるトレーニングです。

すべての人が理不尽を感じています。

それを乗り越えることで、強くなれるのです。

「イラッとしたけど、キレなかったこと」で、自信がつく。

理不尽に強くなるためには、「イラッとしたけど、キレなかった」という体験を持つことです。

ここで自信がつき、自己肯定感が上がります。

「ここは普通はキレるところだったけど、キレなかったね」という体験をどれだけ持てるかが勝負です。

「アンガーコントロール」とは、怒らないことではありません。

怒っていいのです。

怒りを、自分でコントロールするのです。

ぶちキレる人は、怒りに自分が振りまわされます。

怒りが主人で、自分が手下になってしまうのです。

怒りは強いエネルギーなので、時には何かを生み出すエネルギーにもなります。

私の1冊目の『農耕派サラリーマンVS.狩猟派サラリーマン』（徳間書店）は、私のサラリーマン生活に対しての怒りがもとです。

机を叩き割るかわりに書いた本です。

私に博報堂を教えてくれたのは、早大文学部演劇科のTVドラマ史の授業をしてくれた放送作家の先生です。

その先生に「就職どうするの？」と聞かれた時、私は「TV局を受けようと思うんです」と答えました。

その先生はTV局の現場で働いている人で、「これからTV局は自社制作がなくなっていくかもしれない。中谷君はデンパクとか向いているような気がするけどな」とアドバイスしてくれました。

家に帰って「デンパク」を調べると、どこにも見当たりませんでした。

当時の私は、「デンパク」は「電通・博報堂」の略だという知識もなかったのです。

私はその先生から、「電通よりも、中谷君は博報堂に向いているような気がする。僕の知り合いで博報堂の男がいて、上司を殴《なぐ》って辞めたんだ。中谷君はそいつに似てるな」と、無気味《ぶきみ》な予言をされました。

私は、上司を殴るかわりに本を書いて済んだのです。

それは怒りをコントロールしたということです。

怒りをガマンすると、どんどんたまって、どこかで爆発が起こります。

怒ったエネルギーを常にコントロールすることが大切なのです。

心のキャパが広がる習慣

55 怒りを押さえず、コントロールしよう。

「言いたかったけど、黙っていたこと」で、自信がつく。

思ったことを全部、即、口にしていくのがネット社会の特徴です。

「ひと言、言ってやろうかな」と思っても、「なんて言おうかな」「これは黙っておこうかな」と一拍置くことで、物事を引いて見ることができます。

イラッとしている時は、大体、視野が狭まっている瞬間なので事態が悪化します。

ここで一呼吸置くと、まわりが動くので、次の瞬間に冷静さを取り戻せるようになります。

理不尽に強くなるためには、思ったことをなんでもすぐ口にしないことが大切なのです。

心のキャパが広がる習慣

56

思ったことを、すぐ口にしない。

「独りでしていること」が、信用になる。

トライをして、

「自分はいいと思っているのに、みんなが一緒にしてくれない」

「なんでこれをみんながしてくれないんだ。これは絶対いいことだと思うのに」

と言う人がいます。

大切なことは、独りでもするということです。

「こういう会をするんだけど、思ったように人が集まらない」という経験を積んだ人ほど、理不尽に強くなります。

「講師になりたい」と言う人には、私は「早速セミナーをするといいよ」と勧めます。

本人は、生徒が来ないということに気づいていないからです。

「来なかったらどうしよう」と言っている間は、「といっても、そこそこ集まるだろう」と思っています。

実際は来ないのです。

今は講師や先生になりたい人がたくさんいます。

教室を始めたい人に、事前に「生徒はなかなか来ないよ」と、いくら言っても通じないのです。

「とにかく早く始めた方がいい」と勧めて、生徒が来ないという体験をさせます。

そうしないと、5年たっても生徒が来ないのは同じだからです。

生徒は1人から始めて、その1人をずっと育てて、次に2人、3人……と時間をかけて、年単位で増やしていくのです。

なんとなく塾を始めたい人は、不思議な発想をします。

「月収いくらぐらい欲しい」というところから始まるのです。

「月収100万円とした時に、月謝がこれぐらいだから、生徒は150人」という計算をします。

それにはなんの根拠もありません。

「それ、根拠ないよ」と指摘しても、「だって、みんな集まってるじゃないですか」と言って通じないのです。

それは結果論にすぎません。

「僕の行っている塾も、それぐらいの生徒が集まっていますから」と、結果だけを見て、自分も同じように計算しているのです。

実際に自分で体験してみなければ、アドバイスはわかりません。

どんなことも、とりあえずしてみることが大切なのです。

心のキャパが広がる習慣

57

独りでしょう。

他者に「寛容でいられること」が、自信になる。

理不尽の反対側にあるのは、寛容《かんよう》です。

理不尽に強い人は、他者に寛容です。

自由に生きることは、他者の自由も認めるということです。

自分が個性を持ちたいと思うなら、他者の個性も認めればいいのです。

自分が自由に生きたいのに、他者には「自由になるな。私と同じ考えを持て」と言うのはおかしいです。

寛容とは、「それはそれであるよね」「これはこれで、相手もなかなか大変なんだよね」と、相手の事情や大変さがわかることです。

私の父親は、いろいろな人の商売を見ながら、「家賃いくらかな。月謝がいくらで、授業料いくら。この仕事はきついな。これは儲かれへんぞ」と言っていました。

その仕事をしたいかどうかはまた別の話です。

私は就職する前に、父親に「就職どうするの？」と聞かれた時、「映画をやろうと思うんですけど」と言うと、「映画は昔は儲かったけど、今は映画は儲かれへんど。でもおもろいよな」と言われました。

「面白いぞ。でも儲からないぞ」ではなく、「儲からない。でも面白い」と言う順番がいいのです。

メリット・デメリットがある中で、デメリットが先に見えている人は、理不尽に強くなるのです。

心のキャパが広がる習慣

58

他者に、寛容になろう。

「叱られるのに、続けていること」が、自信になる。

叱られることに強くなると、理不尽に強くなります。

「理不尽」とグチる人は、ほめられること、感謝されることを求めながら、実際には叱られることが多いのです。

それで「こんなに頑張っているのに、なんで叱られるんだ」と、やめてしまいます。

本当に好きなことは、叱られても続けていることです。

ほめられて続けていることは、ほめられることがなくなるとやめます。

「叱られてもそれをしたいんですか？」と言われることが、本人にとって大切なことなのです。

誰かに勧められたり、ほめられてすることではありません。

反対されたり、叱られたりしても、こっそり隠れてしていることが、本当に自分がしたいことです。

「みんなはガマンして仕事をしているのに、自分は好きなことをしているのだから叱られるのは仕方がない」と思えるのです。

好きなことをしながら、賞賛も欲しいという人は、もらいすぎなのです。

心のキャパが広がる習慣

59

叱られていることを、続けよう。

「人をほめることができること」が、自信になる。

「こういうところで工夫しているよね」「これはこれで面白いね」とほめている時は、相手をよくするのではなく、自己肯定感が上がるのです。

勝ち負けで考えると、ほめるのは負けです。

自己肯定感で考えると、ほめている側の気分がよくなります。

同じコテコテ昭和のお店があった時に、「古いね」と言うか、「懐かしい。こういうのは誰かがしておかなくちゃいけないよね」と言うかで、気分は変わります。

たとえば、どう見ても席数を多く作ってしまったレストランがあった時に、「それはチャレンジだよね」とほめてあげる人は理不尽に強いのです。

「これは絶対失敗するぞ」と言うのではなく、「この席数にすることはチャレンジだよね」と応援してあげたい気持ちで言えるかどうかです。

無謀《むぼう》なことをする人に対して、「無謀だからやめなさい」ではなく、「偉いなあ。これは自分にはできない」と言う人は協力者になります。

「やめなさい」と言う人は、「オレはお金は貸さないからね」と最初から逃げ腰です。

「自分だったら、これをしろと言われた時にできるかな。できないな。でも、それをしようとする人は偉いな」と思えるのが当事者意識です。

当事者意識の人は自分の問題として考えるので、何事も応援してあげたいという気持ちになれるのです。

心のキャパが広がる習慣 60

ほめよう。

面白くなくても、笑えることが、自信になる。

「理不尽」とグチる人は、笑いません。

たとえ笑っても、顔がこわばっています。


「なんで笑わないんですか」と聞くと、「なんで面白くないのに笑わなくちゃいけないんですか」と言われます。

これは帰国子女の面接でよくあります。

帰国子女は、本当に面白くないと笑わないのです。

面接で「面白かったら笑いますよ。面白くなかったら笑いません」と言うのが優秀な帰国子女が損をしているところです。

外国人は面白くないジョークに大声で笑います。

それはコミュニケーションの1つの手法だからです。

笑ってあげると、話し手も余裕が出て、いい間《ま》になって、その場の空気が面白くなります。

面白いから笑うのではありません。

笑ってその場の空気が面白くなることで、自己肯定感が生まれるのです。

映画『この世界の片隅に』で、すずちゃんの家族が「憲兵は大変」と笑ったり、楠公飯がまずくて笑うのと同じです。

まずいはずの残飯を食べて「おいしい」と笑うことが、自分の置かれている理不尽な状況を乗り越えられる唯一のチャンスになるのです。

心のキャパが広がる習慣 61
面白くなくても、面白がろう。

「一からやり直せること」で、自信がつく。

ある名門幼稚園の面接では、みんなに積み木を与えて「これでお城を作ってください」という課題が出されます。

その途中で、緑色のマントを着て、とんがり帽子をかぶった魔女役の先生が出てきて、お城を倒していくのです。

この時点で、ほとんどの子どもが泣きます。

これでテストに落ちたという気持ちになるからです。

その中で立ち直る子は、やり直そうとします。

中には、泣いている子を慰《なぐさ》めて「僕がやってあげるから」と言う子もいるのです。

これは、仕事も同じです。

理不尽と思っても、やり直せばいいのです。

NASAのメンタルトレーニングでも同じようなテストがあります。

AとBの2チームに分けて、それぞれに「5日間でロボットを作ってください」という課題を出します。

4日目の夜に、作っていたロボットがつぶされるのです。

両チームとも、5日目の朝に起きて、ロボットがつぶれているのを発見します。

この時、まず相手チームを疑います。

実は、チームの中の1人が、トレーナーから「つぶせ」と指示されていたのです。

ただし、「つぶしたことは言ってはダメ」と言われています。

メンタルをいじるようなテストです。

これを乗り越えた人が宇宙飛行士になっていくのです。

最初に調子のいい人は、真のリーダーではありません。

チームが崩れた時に、「一からいきますか」と立て直せるのが本当のリーダーシップです。

「これは天災のようなもので、つぶれた理由とか犯人捜しをしても始まらないから、とりあえずやろうよ」と、1回ゼロになったところから立て直せるかどうかです。

企画がボツになることは、そんなにショックではありません。

もっとショックなのは、「企画が通りました」→「原稿を書き上げました」→「ボツになりました」となることとです。

これは結構痛いです。

それでも、「一から書き直します」と言えるのが理不尽に強い人です。

私は20代のサラリーマン時代に、こういう思いをさんざんしてきました。

今では、いいトレーニングをしてもらったと感謝しています。

広告代理店では、徹夜の作業が「なんか違うな」というひと言で終わることは日常茶飯事《さはんじ》なのです。

心のキャパが広がる習慣 62

一から、やり直そう。

エピローグ

理不尽は、挙げることができない
バーベルだ。
理不尽は、自分のキャパを
大きくするチャンスだ。

理不尽は「ない方」がいいのでしょうか。

理不尽は「あった方」がいいです。

自分のコンフォートゾーンを抜け出したところに理不尽を感じます。理不尽があることで、その人のキャパが広がります。

城を狭《せば》めていくと、あらゆることを理不尽に感じます。

自分のキャパシティーを広げていくと、面白くないものを面白く感じたり、楽しみ方がわかるようになります。

たとえば、バーベルを挙げる時に、挙げられるバーベルだけで練習していても成長しません。

少しきつい重さのバーベルを挙げて、「ここでやめたい」というところで、トレーナーさんに「ハイ、あと3回」と言ってもらうのがトレーニングです。

3回プラスして、「8、9、10」で終わろうと思ったら、「あと2回いける」と言われるのです。

これがトレーナーさんのうまいところです。

「鬼！」と思いながらも、この理不尽を体験することによって、自分の心の筋力がつきます。

むしろ、理不尽を歓迎して、理不尽で強くなっていくのです。

あらゆるスポーツには理不尽、運・不運がつきまといます。

それは自分だけではなく、相手チームにも起こっていることです。

理不尽にどれだけ強いかという戦いは、スポーツ・仕事・恋愛・勉強のすべてにおいて共通していることなのです。

理不尽を感じているということは、自分の世界がどんどん広がるということなのです。

心のキャパが広がる習慣

63

理不尽をチャンスに、キャパを大きくしよう。

【大和出版】
『「しつこい女」になろう。』
『「ずうずうしい女」になろう。』
『「欲張りな女」になろう。』
『一流の準備力』

【すばる舎リンケージ】
『好かれる人が無意識にしている言葉の選び方』
『好かれる人が無意識にしている気の使い方』

【ベストセラーズ】
『一歩踏み出す5つの考え方』
『一流の人のさりげない気づかい』

『昨日より強い自分を引き出す61の方法』
（海竜社）
『状況は、自分が思うほど悪くない。』
（リンデン舎）
『一流のストレス』**（海竜社）**
『成功する人は、教わり方が違う。』
（河出書房新社）
『名前を聞く前に、キスをしよう。』
（ミライカナイブックス）
『なぜかモテる人がしている42のこと』
（イースト・プレス　文庫ぎんが堂）
『人は誰でも講師になれる』
（日本経済新聞出版社）
『会社で自由に生きる法』
（日本経済新聞出版社）
『全力で、1ミリ進もう。』**（文芸社文庫）**
『「気がきくね」と言われる人のシンプルな法則』**（総合法令出版）**
『なぜあの人は強いのか』**（講談社＋α文庫）**
『大人になってからもう一度受けたいコミュニケーションの授業』
（アクセス・パブリッシング）
『運とチャンスは「アウェイ」にある』
（ファーストプレス）
『大人の教科書』**（きこ書房）**
『モテるオヤジの作法2』**（ぜんにち出版）**
『かわいげのある女』**（ぜんにち出版）**
『壁に当たるのは気モチイイ人生もエッチも』**（サンクチュアリ出版）**
書画集『会う人みんな神さま』**（DHC）**
ポストカード『会う人みんな神さま』
（DHC）
『サクセス＆ハッピーになる50の方法』
（阪急コミュニケーションズ）

[面接の達人]**（ダイヤモンド社）**

『面接の達人　バイブル版』

【PHP文庫】
『もう一度会いたくなる人の話し方』
『お金持ちは、お札の向きがそろっている。』
『たった3分で愛される人になる』
『自分で考える人が成功する』

【だいわ文庫】
『美人は、片づけから。』
『いい女の話し方』
『「つらいな」と思ったとき読む本』
『27歳からのいい女養成講座』
『なぜか「HAPPY」な女性の習慣』
『なぜか「美人」に見える女性の習慣』
『いい女の教科書』
『いい女恋愛塾』
『やさしいだけの男と、別れよう。』
『「女を楽しませる」ことが男の最高の仕事。』
『いい女練習帳』
『男は女で修行する。』

【学研プラス】
『美人力』(ハンディ版)
『嫌いな自分は、捨てなくていい。』

【あさ出版】
『孤独が人生を豊かにする』
『「いつまでもクヨクヨしたくない」とき読む本』
『「イライラしてるな」と思ったとき読む本』

【きずな出版】
『グズグズしない人の61の習慣』
『イライラしない人の63の習慣』
『悩まない人の63の習慣』
『いい女は「涙を背に流し、微笑みを抱く男」とつきあう。』
『いい女は「紳士」とつきあう。』
『いい女は「言いなりになりたい男」とつきあう。』
『いい女は「変身させてくれる男」とつきあう。』
『ファーストクラスに乗る人の自己投資』
『ファーストクラスに乗る人の発想』
『ファーストクラスに乗る人の人間関係』
『ファーストクラスに乗る人の人脈』
『ファーストクラスに乗る人のお金2』
『ファーストクラスに乗る人の仕事』
『ファーストクラスに乗る人の教育』
『ファーストクラスに乗る人の勉強』
『ファーストクラスに乗る人のお金』
『ファーストクラスに乗る人のノート』
『ギリギリセーーフ』

【ぱる出版】
『品のある稼ぎ方・使い方』
『察する人、間の悪い人。』
『選ばれる人、選ばれない人。』
『一流のウソは、人を幸せにする。』
『セクシーな男、男前な女。』
『運のある人、運のない人』
『器の大きい人、小さい人』
『品のある人、品のない人』

【リベラル社】
『50代がもっともっと楽しくなる方法』
『40代がもっと楽しくなる方法』
『30代が楽しくなる方法』
『チャンスをつかむ 超会話術』
『自分を変える 超時間術』
『一流の話し方』
『一流のお金の生み出し方』
『一流の思考の作り方』

【秀和システム】
『なぜ あの人はいつも若いのか。』
『楽しく食べる人は、一流になる。』
『一流の人は、〇〇しない。』
『ホテルで朝食を食べる人は、うまくいく。』
『なぜいい女は「大人の男」とつきあうのか。』
『服を変えると、人生が変わる。』

【日本実業出版社】
『出会いに恵まれる女性がしている63のこと』
『凛とした女性がしている63のこと』
『一流の人が言わない50のこと』
『一流の男　一流の風格』

【主婦の友社】
『輝く女性に贈る 中谷彰宏の運がよくなる言葉』
『輝く女性に贈る　中谷彰宏の魔法の言葉』

【水王舎】
『「人脈」を「お金」にかえる勉強』
『「学び」を「お金」にかえる勉強』

【毎日新聞出版】
『あなたのまわりに「いいこと」が起きる70の言葉』
『なぜあの人は心が折れないのか』

【あさ出版】
『気まずくならない雑談力』
『なぜあの人は会話がつづくのか』

【学研プラス】
『頑張らない人は、うまくいく。』
文庫『見た目を磨く人は、うまくいく。』
『セクシーな人は、うまくいく。』
文庫『片づけられる人は、うまくいく。』
『なぜ あの人は2時間早く帰れるのか』
『チャンスをつかむプレゼン塾』
文庫『怒らない人は、うまくいく。』
『迷わない人は、うまくいく。』
文庫『すぐやる人は、うまくいく。』
『シンプルな人は、うまくいく。』
『見た目を磨く人は、うまくいく。』
『会話力のある人は、うまくいく。』
『ブレない人は、うまくいく。』

【リベラル社】
『問題解決のコツ』
『リーダーの技術』

『速いミスは、許される。』**(リンデン舎)**
『歩くスピードを上げると、頭の回転は速くなる。』**(大和出版)**
『結果を出す人の話し方』**(水王舎)**
『一流のナンバー2』**(毎日新聞出版社)**
『なぜ、あの人は「本番」に強いのか』**(ぱる出版)**
『「お金持ち」の時間術』**(二見書房・二見レインボー文庫)**
『仕事は、最高に楽しい。』**(第三文明社)**
『「反射力」早く失敗してうまくいく人の習慣』**(日本経済新聞出版社)**
『伝説のホストに学ぶ82の成功法則』**(総合法令出版)**
『リーダーの条件』**(ぜんにち出版)**
『転職先はわたしの会社』**(サンクチュアリ出版)**
『あと「ひとこと」の英会話』**(DHC)**

［恋愛論・人生論］

【ダイヤモンド社】
『なぜあの人は感情的にならないのか』
『なぜあの人は逆境に強いのか』
『25歳までにしなければならない59のこと』
『大人のマナー』
『あなたが「あなた」を超えるとき』
『中谷彰宏金言集』
『「キレない力」を作る50の方法』
『30代で出会わなければならない50人』
『20代で出会わなければならない50人』
『あせらず、止まらず、退かず。』
『明日がワクワクする50の方法』
『なぜあの人は10歳若く見えるのか』
『成功体質になる50の方法』
『運のいい人に好かれる50の方法』
『本番力を高める57の方法』
『運が開ける勉強法』
『ラスト3分に強くなる50の方法』
『答えは、自分の中にある。』
『思い出した夢は、実現する。』
『面白くなければカッコよくない』
『たった一言で生まれ変わる』
『スピード自己実現』
『スピード開運術』
『20代自分らしく生きる45の方法』
『大人になる前にしなければならない50のこと』
『会社で教えてくれない50のこと』
『大学時代しなければならない50のこと』
『あなたに起こることはすべて正しい』

【PHP研究所】
『なぜあの人は、しなやかで強いのか』
『メンタルが強くなる60のルーティン』
『なぜランチタイムに本を読む人は、成功するのか。』
『中学時代にガンバれる40の言葉』
『中学時代がハッピーになる30のこと』
『14歳からの人生哲学』
『受験生すぐにできる50のこと』
『高校受験すぐにできる40のこと』
『ほんのささいなことに、恋の幸せがある。』
『高校時代にしておく50のこと』
『中学時代にしておく50のこと』

中谷彰宏　主な作品一覧

[ビジネス]

【ダイヤモンド社】
『50代でしなければならない55のこと』
『なぜあの人の話は楽しいのか』
『なぜあの人はすぐやるのか』
『なぜあの人の話に納得してしまうのか[新版]』
『なぜあの人は勉強が続くのか』
『なぜあの人は仕事ができるのか』
『なぜあの人は整理がうまいのか』
『なぜあの人はいつもやる気があるのか』
『なぜあのリーダーに人はついていくのか』
『なぜあの人は人前で話すのがうまいのか』
『プラス1%の企画力』
『こんな上司に叱られたい。』
『フォローの達人』
『女性に尊敬されるリーダーが、成功する。』
『就活時代しなければならない50のこと』
『お客様を育てるサービス』
『あの人の下なら、「やる気」が出る。』
『なくてはならない人になる』
『人のために何ができるか』
『キャパのある人が、成功する。』
『時間をプレゼントする人が、成功する。』
『ターニングポイントに立つ君に』
『空気を読める人が、成功する。』
『整理力を高める50の方法』
『迷いを断ち切る50の方法』
『初対面で好かれる60の話し方』
『運が開ける接客術』
『バランス力のある人が、成功する。』
『逆転力を高める50の方法』
『最初の3年その他大勢から抜け出す50の方法』
『ドタン場に強くなる50の方法』
『アイデアが止まらなくなる50の方法』
『メンタル力で逆転する50の方法』
『自分力を高めるヒント』
『なぜあの人はストレスに強いのか』
『スピード問題解決』
『スピード危機管理』
『一流の勉強術』
『スピード意識改革』
『お客様のファンになろう』
『なぜあの人は問題解決がうまいのか』
『しびれるサービス』
『大人のスピード説得術』
『お客様に学ぶサービス勉強法』
『大人のスピード仕事術』
『スピード人脈術』
『スピードサービス』
『スピード成功の方程式』
『スピードリーダーシップ』
『出会いにひとつのムダもない』
『お客様がお客様を連れて来る』
『お客様にしなければならない50のこと』
『30代でしなければならない50のこと』
『20代でしなければならない50のこと』
『なぜあの人は気がきくのか』
『なぜあの人はお客さんに好かれるのか』
『なぜあの人は時間を創り出せるのか』
『なぜあの人は運が強いのか』
『なぜあの人はプレッシャーに強いのか』

【ファーストプレス】
『「超一流」の会話術』
『「超一流」の分析力』
『「超一流」の構想術』
『「超一流」の整理術』
『「超一流」の時間術』
『「超一流」の行動術』
『「超一流」の勉強法』
『「超一流」の仕事術』

【PHP研究所】
『もう一度会いたくなる人の聞く力』
『[図解]仕事ができる人の時間の使い方』
『仕事の極め方』
『[図解]「できる人」のスピード整理術』
『[図解]「できる人」の時間活用ノート』

【PHP文庫】
『入社3年目までに勝負がつく77の法則』

【オータパブリケイションズ】
『レストラン王になろう2』
『改革王になろう』
『サービス王になろう2』

著者紹介

中谷彰宏（なかたに・あきひろ）

1959年、大阪府生まれ。早稲田大学第一文学部演劇科卒業。84年、博報堂に入社。ＣＭプランナーとして、テレビ、ラジオＣＭの企画、演出をする。91年、独立し、株式会社中谷彰宏事務所を設立。ビジネス書から恋愛エッセイ、小説まで、多岐にわたるジャンルで、数多くのロングセラー、ベストセラーを送り出す。「中谷塾」を主宰し、全国で講演・ワークショップ活動を行っている。

■公式サイト　http://www.an-web.com/

本の感想など、どんなことでも、
あなたからのお手紙をお待ちしています。
僕は、本気で読みます。　　　中谷彰宏

〒162-0816　東京都新宿区白銀町1-13
きずな出版気付　中谷彰宏行
※食品、現金、切手などの同封は、ご遠慮ください（編集部）

中谷彰宏は、盲導犬育成事業に賛同し、この本の印税の一部を（公財）日本盲導犬協会に寄付しています。

「理不尽」が多い人ほど、強くなる。
――心のキャパが広がる63の習慣

2018年6月10日　第1刷発行

著　者　　中谷彰宏

発行者　　櫻井秀勲
発行所　　きずな出版
東京都新宿区白銀町1-13　〒162-0816
電話03-3260-0391　振替00160-2-633551
http://www.kizuna-pub.jp/

装　幀　　福田和雄（FUKUDA DESIGN）
編集協力　ウーマンウエーブ
印刷・製本　モリモト印刷

ISBN978-4-86663-038-0

きずな出版

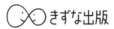

書籍の感想、著者へのメッセージは以下のアドレスにお寄せください
E-mail：39@kizuna-pub.jp

http://www.kizuna-pub.jp